立人天地

追寻理想的教育

一位农村小学校长的求索之路

刘芳赟 著

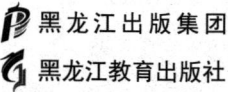

黑龙江出版集团

黑龙江教育出版社

图书在版编目（CIP）数据

追寻理想的教育：一位农村小学校长的求索之路 / 刘芳赟著.
-- 哈尔滨：黑龙江教育出版社，2016. 10（2021.6重印）
ISBN 978-7-5316-8999-7

Ⅰ.①追… Ⅱ.①刘… Ⅲ.①农村学校—小学—学校管理—研究—中国
Ⅳ.①G627

中国版本图书馆CIP数据核字(2016)第271346号

追寻理想的教育：一位农村小学校长的求索之路
ZHUIXUN LIXIANGDE JIAOYU：YIWEI NONGCUN XIAOXUE XIAOZHANG DE QIUSUO ZHI LU

作　　者	刘芳赟 著
责任编辑	彭剑飞
装帧设计	冯军辉
责任校对	赵蔚婷

出版发行　黑龙江教育出版社（哈尔滨市南岗区花园街158号）
印　　刷　北京时尚印佳彩色印刷有限公司
新浪微博　http://weibo.com/longjiaoshe
公众微信　heilongjiangjiaoyu
天 猫 店　https://hljjycbsts.tmall.com
E－m a i l　heilongjiangjiaoyu@126.com
电　　话　010—64187564

开　　本　700×1000　1/16
印　　张　15.5
字　　数　213千
版　　次　2021年8月第1版第2次印刷
书　　号　ISBN 978-7-5316-8999-7
定　　价　48.00元

序　言

认识刘芳赟校长是在2009年10月，浙江省教育厅组织成立了"杨一青名校长工作室"，由我任导师，面向全省公开招收学员。当时，全省各县市区教育局共推荐了六七十名校长，我们经过面试，最后确定了28位校长为首期学员，刘芳赟就是其中一位来自农村的校长。

在一年多工作室的频繁活动中，我知道他很勤奋、很好学。每次培训，他都能准时参加，也能将所学所思融入自己的教学与管理中，很是不易。

我常说，校长需要有教育家的情怀，要有正确的办学思想，要有敏锐的前瞻意识，要有踏实的工作作风，要有改革的创新精神。这几年，他所任职的学校面貌变化都很大，有力地推动了每一位教师的发展，惠及每一个学生的成长，我感到很欣慰。

教师节前，刘芳赟校长打电话给我，说自己有个书稿想寄给我，让我给他提提建议并写个序。我想，他是我的学员，又是一位长期在农村工作的校长，能边读书，边思考，边实践，边写作，能将自己的思想进行梳理，整理出一部书稿来，实属难能可贵，我欣然答应。

很快，我就收到他寄来的书稿。书稿内容很丰富，有学校文化建设、队伍管理、班级管理、教育教学，也有课题研究等。据了解，这些文章都是他近几年写的，很多已在各类期刊上发表过，后面还附了部分媒体对所在学校、教师的报道。从这些文章、报道中不难看出一位扎根农村的小学校长，努力而执着地探索着理想教育，不断实现着自己的教育理想。

人们常说：校长是学校工作的一面旗帜，是一校之魂。所谓"魂"，就是思想。有思想是校长办好学校的前提，刘芳赟校长就是一个有思想的人。他生在农村，长在农村，看到许多农村学校管理粗放，他就思考：农村学校如何走出精致管理的路子？于是提出"精致管理：从撤掉校园垃圾桶开始"；如何提高农村教师队伍素质？他提出教师要开展"听、说、读、写"训练；如何弥补留守儿童亲情缺失？他提出开展留守儿童与家长"两地书"活动等，这些都是他对教育现状的思考与实践的结晶。

在招贤小学，他提出"我们每一个人都享有出彩的机会"的理念，通过"孜孜探索，美美践行"的校训，将"格物致知，以文化人"落地生根。通过几年实践，学校师资队伍、教学质量提升很快，学校文化建设、精致管理成为亮点。

刘芳赟校长是一个有教育情怀的人。何谓教育情怀？"情"是指崇高的感情，"怀"是指广阔的胸怀。"教育的情怀"是一种激情，一种热爱，一种对教育的执着和投入。苏霍姆林斯基说过，最好的老师，在教育修养中起决定性作用的一种品质就是对孩子的依恋之情。基于对学生的爱，教师的工作才会更有热情、更有激情，才会使自己更有智慧。爱愈深，激发的创造能力愈强。

在偏远的新昌小学，教育基础薄弱，办学条件艰苦，他知道这里的孩子需要更好的老师，更好的教育，更好的校长，于是一待就是七年。面对偏远，他主动迎接困难，争取各部门资金支持，改善办学条件；对接省市县专家，采取"请进来"和"走出去"，开阔教师眼界；创新学校管理，开展中心校与下属6个教学点教师"换岗交流""上挂下磨中结对"等活动，促进青年教师迅速成长。宣传扎根山村、默默奉献的老教师，短短几年，先后出现浙江骄傲、省春蚕奖、省农村突出贡献奖等先进人物。

教育是一项伟大的事业，教育事业需要灵魂参与，需要精神支撑。刘芳赟校长是一个把教育当作事业来做的人。这几年，由于工作需要，他虽然换了好几所学校，但每到一所学校，他都能很快沉下心，踏踏实实地去思考一些问题，去破解一些难题，并将这些思考与经验写成文章，发表于有关期刊上。

我们知道，中国有13亿多人口，超过半数生活在农村。没有农村教育的现代化，就谈不上中国教育的现代化。刘芳赞从教二十多年，一直都在农村，对农村教育熟悉而又热爱。他的文笔和思想深度随着时间的增长不断长进。在他的文章中充满着人文情怀，散发着乡土气息，洋溢着教育热情，沉着冷静地应对着各种问题与挑战，同时，又享受着做教师、做校长的幸福。

人匆匆而来，又匆匆而去。有些人什么都没留下，有些人却不断实践，不断反思，不断提炼，不断记录。这种记录不仅为自己，也为别人积聚可以借鉴的经验与财富。我相信，只要读者用心、用情去读这位平凡农村小学校长的求索之路与成长经历，一定会得到许多关于教育、关于管理、关于生命的感悟的。

是为序。

杨一青

2016年国庆节于杭州

前　言

近年来，每每与常山籍作家、媒体人周华诚相聚，他总是不断鼓励我，让我把自己在工作中的所思、所想、所做、所写的文章做个整理，出一本书。浙江省特级教师章师亚也经常教导我们："当你走到一定的地方，或者一定的时候，一定要回头看看，身后的脚印是否清晰。"出于这样的考虑，坚定了自己整理探索理想教育心路历程的信心与勇气，也权当自己留点走过的痕迹。

回想二十多年的教师生涯，宛如发生在昨日，历历在目。梳理近十年的校长工作，虽然没有什么轰轰烈烈的事迹，做着平凡而又平常的工作，但每每遇到一个问题，或出台一项制度，或实施一项改革，最后都能破茧化蝶，很是欣慰。

我出生在一个偏僻的小山村，父辈都是日出而作、日落而息的地道庄稼人。非常庆幸的是在初中毕业时，我考取了师范学校——父辈们说，终于"跳农门"了。

1993年7月师范学校毕业，得知自己又将回到家乡——小山村，担任小学老师，惆怅，失落，但想到那熟悉而又亲切的家人、邻居、村庄……便多了几分温暖与温馨。背着行囊，怀揣梦想，回到家乡的小山村。房子还是原来的房子——苏联式的平瓦房，教室还是原来的教室——黑板是用木架支撑的，操场还是原来的操场——两排房子中间一块较平整的泥地。在操场中间有两棵大树，这是孩子们乘凉的好地方。老师在树干上安装了一个篮球筐，这就是当时整个村子最先进的篮球架了。

这是一所完小，5个年级，218个学生，7个教师。

那一年，我教一个班的语文、数学、常识、美术，还教三个班的体育。上体育课，没有场地，我就到学校附近的河边沙滩上，找一块平地，拔去杂草捡去大石块就有了跑道。练投掷，没有铅球，我就从石砾堆中找来圆形石块作器材。白天，忙于上课；晚上，就在灯下备课。

学校离家仅一公里，我仍然住校，一个星期回家一次。我把学校当作教育的试验场。那时早上起来带学生在乡村小道上晨跑，家长们看到我都不解地说："你们这些人吃饱了撑的，跑什么跑，不如让孩子在家多做点家务活……"翌年，我被调入中心小学任教。一年后，我又回到这个小山村。再过一年，我成了这个小学校的负责人。

有人说，教育就是一棵树摇动另一棵树，一朵云推动另一朵云，一个灵魂唤醒另一个灵魂。 凭着对教育的憧憬、对家乡的热爱，我努力改变学生的学习方法。带领学生爬高山、走田野、访老农、采标本、慰问帮助低保户等，提高学生的学习积极性。一时间，校园内书声琅琅，歌声阵阵。课堂上你问他答，你争他辩，你议他思。学校呈现一片喜人景象。可好景不长，学校有幢房子被上级认定为危房。于是出现了一边借用周边民房、村委办公楼作为教室，一边谋划新学校的建设的情况。后来一个班还搬到十多里外的乡粮站上课，师生都住校。路虽然远了，但大家学习的热情没有减。

2000年10月，在各级部门的关心支持下，耗时两年新建的两层教学楼终于在新校址落成。后来，调入了两位青年教师。那是教育资源相当匮乏的年代，老师们在这里工作着，学生们在家门口学习着，都很满足。

三年后我被调到中心小学。这是2003年9月——我参加工作的第十个年头。过去这十年，我过得很惬意。沉醉于小山村，只想把这里的孩子教得还可以，得到家长的认可就行，别无他求。这十年，不知道世界有多大，也没想过去看看。

进入中心小学的同时担任教导主任，是我人生之转折。在这里，平台大了，视野宽了，我很努力，也很刻苦，领导对我很器重。一年后，学校派我去杭州结对学校挂职学习，去了杭州后，我才知道，书原来可以这么教，外面的世界原来这般精彩。杭州挂职，是我教育人生的真正起步，也是我追寻理想教育的力量源泉。2005年9月，经县公开选拔，我被调至常山新昌小学任副校长，2007年起开始担任校长。

老师们说，担任校长与副校长，那是完全不同的角色。校长是顶天的，学校有什么重大的事都得校长去顶。的确，经历了才知道学校管理原来那么复杂，想当个好校长不是那么容易的事。

新昌小学是常山县最偏远的农村小学。那里的老教师多，基本都是生于斯，长于斯，民转公或代转公，不愿走出大山的。年轻教师都是近几年刚刚毕业分配的。由于交通极其不方便，满三年，他们都拼命往外调。有人戏说，这里是年轻教师的训练场，来一批走一批，铁打的领导，流动的教师。这里的学生百分之七八十是留守儿童。他们从小与父母分居两地，缺少沟通，缺少亲情。校园刚由初中、小学合并而成，需要整合。这一切，都等待着校长去破解。

美国教育学家杰克森说，教育是一项道德事业。在新昌小学的这些日子里，我与大家同甘共苦，没有寒暑假，没有双休日，改造学校，提升教师，打造特色。五年内，学校新建教学楼、综合楼、学生宿舍楼等，学校面貌焕然一新。借助校内师资，普及《论语》教学，绘制感恩文化墙等，我们创建的儒家特色校园成为市县窗口学校。学校还通过开展"两地书"、开通"亲情电话"、开设"刘老师信箱"等关爱留守儿童活动，得到中央电视台、省市媒体多次采访报道。

2012年7月，由于工作需要，我调到常山县招贤小学任校长。这里教师相对稳定，家长对教育重视，交通便利，是教师向往之地。我们提出"每一个人都享有出彩的机会"的理念，抓实学校队伍建设、精致管理、科技特色创建等。四年来，学校新建综合楼、塑胶操场、塑胶排球场、食堂、连廊、游泳池、科技馆、摄影教室等，学校办学条件优越，堪称常山农村学校一流。同时开展课堂教学改革，实施小组合作制教学，教师凝聚力强，教学质量提升快，学校迅速成为常山农村学校的典范。

一个人的成长与一所学校的发展是一样的。浙江省特级教师徐良英是我的第一任老师。那时自己一直在村完小工作，没有一点拜师求学的奢望。没想到2003年9月刚调到中心小学，就接到县教育局通知，让我参加当时衢州市名师徐良英的带徒活动。徐老师业务好，对工作很认真，那时她常常亲自上示范课，指导我如何上好语文课，在她的指导下，我先后获得县"教坛新秀"，县"学科带头人"等荣誉。再后来，还有章师亚、高军玉、王文卿、郑棣生、凌希旺、陈用敏、吴水良……还有很多很多领导、同事，给了我很多很多的帮助与指导，他们都是我的良师益友。

原杭州市学军小学校长、省特级教师杨一青是我的又一导师。杨校长朴实、谦逊、随和，他的语文教学造诣、学校管理艺术和人格魅力蜚声省内外。他多次到我所在学校，帮助指导我如何寻找学校的发展点。县教育局领导也是关怀入微，经常来学校慰问指导。我常说，常山这几年，农村学校有领导的关心，教师的努力，城乡差距已经越来越小。孩子反哺农村教育的现象越来越多，这是常山教育的幸事！

前面写了这么多话，目的有两个。一是想说明，常山农村小学近二十年发展很快，这些学校的发展变化就是常山教育发展的一个缩影。学校快速发展与领导的关心重视、教师的凝心聚力、家长的密切配合是分不开的。二是想说明，优秀教师的成长之路虽然在很大程度上受教师所处环境的影响，但更重要的是取决于自己的心态和行为。有了以上两个说明，才有本书的诞生。这本书中零零碎碎的文章，就是以上两个说明的见证。

本书大部分文章曾经在各类报刊上发表，在此，向这些报刊的编辑致以诚挚的敬意和谢意。

刘芳赟

2016年10月

目录

第一编

管　理

第一辑

学校：一路深情一路歌

实现城乡教育均衡，需创新学校管理

党的十八届三中全会指出，要"深化教育领域综合改革""大力促进教育公平""逐步缩小区域、城乡、校际差距""统筹城乡义务教育资源均衡配置"。教育均衡是人民群众最强烈的诉求，教育公平是每个家庭最热切的期盼。要让孩子享有更好、更公平的教育，让每个孩子都能在家门口上好学，我认为学校应从创新管理、提升质量入手。

如今，虽然部分农村学校受地理位置、办学条件、师资配备等影响，教育质量与城区学校有差距，但作为农村学校，不能以此推脱责任，阻碍孩子接受更好的教育。吉林省松原教育学院苗青教授曾说："一所学校，要想使自己的学校办得好，办出水平，办出质量，首先就要有自己独特和现代的办学理念。有了它，学校才有办学发展的方向。有了它，学校才有办学的内在动力，才能提高办学水平和教育教学质量。"要让孩子得到更好的教育，学校首先应确立现代的办学理念。教育问题，是民生问题，受社会的关注度高。作为学校，有了理念，必须强化管理，创新思路，抓实过程。

俗话说："思路决定出路，出路决定深度。"创新思路，就是要大胆地借鉴他人先进经验，结合本校实际，创新地加以运用，充分调动广大教职工的积极性。抓实过程，就是要转变工作作风，为每一位师生的发展提供优质的服务，以行之有效的制度规范、强有力的执行保障、人性化的管理让每位师生看到希望，不断向前发展。

作为校长，我认为，首先要研究激励机制的构建，努力实施人文管理，提升师生的幸福指数；其次要充分挖掘潜力，积极打造和谐的校园文化，创新学校管理机制；最后要发挥班子成员的主观能动性，做到分工合作，齐抓共管。只有这样，校长才能微观放开，宏观调控，运筹帷幄，掌控全局，才能成为领导集体的启动者、合力的创造者、故障的排除者、团结的维护者。

中国教育学会农村教育研究分会理事、江苏省特级教师丁步洲曾说："学校文化建设是提升农村基础教育质量的关键，但是在农村学校的文化建设中还存在面子工程、短期行为、缺乏统筹规划、没有学校校本特色、缺少内部动力等比较突出的问题。要实现以学校文化建设提升农村学校教育质量的目标，必须通过强化精神文化、打造品牌文化、建设环境文化、重视制度文化、致力校本文化、加强班级文化、狠抓行为文化、凭借活动文化等途径，有效推进农村学校教育质量的提高。"要建设好学校文化，我认为，首先要抓好关键人物。校长是一所学校的关键，年级组长是一个年级的关键，学科组长是一个学科的关键，班主任是一个班级的关键。其次，选好项目。学校要紧密结合自身实际、历史传承，围绕研究性学习、社会实践、体艺和学科优势等，整合教学科研等职能部门功能，充分利用各种社会资源进行深入的探索与实践，动员全员参与，重点突破，形成特色项目。然后，积极组织比赛，让学校的特色项目通过参与省市各级比赛，提升影响力、竞争力，在各项活动中逐渐形成品牌。

教育改革是一项系统工程，农村教育需要全社会更多的关注。十八届三中全会上，推进社会事业改革创新方略已经绘就。作为学校，只有谨记自身职责，落实好改革政策，创新学校管理，提升学校质量，相信农村教育的明天会更美好。

（本文发表于《衢州教育》杂志2014年第1期）

农村学校布局调整后出现的新问题新思考

近年来，随着我县"教育创强"活动的结束，农村学校硬件建设得到极大改善，教师的素质得到明显提升，但在学校布局调整后，仍出现了一些新情况新问题。

一、学生求学路程远，交通安全成一大困扰

布局调整后学生上学的距离远了，以往学校就在家门口，现在都被集中到中心学校或更远的乡镇。特别是在一些偏远山区，山坡陡峭，遇上刮风下雨更是泥泞难走，山洪、泥石流等自然灾害时有发生，学生的人身安全无法保障。尽管近几年我县开通了学生接送车，但毕竟还有很多学校由于多方面原因没有开通学生接送车，许多学生每周回家还得走上三四个小时。有时学生会选择搭乘"三无"车辆，交通隐患无时不在。

二、家长认识不到位，家庭教育缺失

布局调整后，许多家长认为，撤并是学校强行所为，孩子寄宿在校，学校就得负全责。路上安全要负责，读书教育要负责，孩子生病也得负责。有的住校生生病，老师打电话到孩子家，家长无动于衷，几天也不到校看一眼，医药费也不支付。有的住校生在学校刚有改变，但双休日一回家，习惯等一切又回到从前。

三、学校住校生多，学校管理压力大

布局调整后，尽管许多学校提供寄宿服务，但是后勤配套设施无法到

位，学生的生活、安全、卫生、医疗等缺乏必要保障。大部分农村学校冬天没有热水提供，也没有浴室，有的学生一周不洗脸和脚，寝室里气味刺鼻。特别是低年级六七岁、八九岁的住校学生，由于身体抵抗力弱，很容易生病。而且他们生活自理能力差，一下子离开父母独自生活非常不适，情感、心理上出现多种问题。目前多数学校的寄宿管理，尤其是对低龄学生的生活管理与引导难以到位，甚至连一个生活指导教师都无法配备。布局调整后，教师工作量突增，教育质量难以有效保障。目前农村学校的教师编制又不充足，只有让教师们既对学生的学习负责，又承担起管理学生和保障学生人身安全的重要责任，教师们普遍感到身心压力很大，从早到晚都无法放松。

分析出现以上新情况新问题的原因，是多方面的，有客观的，也有主观的。为更好地解决这些新情况新问题，我认为，应该从以下几方面努力。

一、教育部门要因地制宜，科学地规划布局调整

布局调整要有长远规划，减少不必要的投资。撤并时，学校要考虑交通安全、师资配备、后勤保障等。对于一些偏远不具备撤并条件的学校或教学点不要强行撤并。对于没有撤并的学校，要满足师资配备与办学条件。对撤并后的闲置校舍要合理利用，如初中给小学，小学给幼儿园。不能再利用的，要及时处理，然后将资金重新投入当地学校建设。

二、学校要积极完善各项后勤配套设施与管理制度

从当前布局调整中所产生的问题来看，学校应充分重视寄宿制学校的配套建设与管理。政府对一些已经合并或计划合并的寄宿制学校要加大经费投入，积极落实学生吃、住等生活方面的配套设施，从最基本的改水、建厕、建食堂和浴室等工作做起，完善学校的基础设施建设，切实保障学

生和教师的最基本生活。同时，当地教育和人事部门必须要从实际出发，核定农村寄宿制学校的专职生活指导老师与校医编制，以保证对寄宿制学校学生生活、学习与生理正常的、有效的管理与引导。

三、家长要加强对寄宿孩子的监管

虽然孩子住校了，在家时间少了，家长仍不能放松管理，反而应加强引导，时刻关注孩子的生活与学习，认真履行家长的监护责任。

四、政府要对寄宿制学校、偏远的小学校的公用经费进行倾斜

当前我县公用经费按学生数划拨，这忽视了寄宿制学校的水电费、住校生管理、教师晚上值班以及偏远学校的交通费等必要的开支。建议公用经费划拨时，能否先考虑一所学校的必要支出，然后考虑教师数、学生数引发的人头开支，再全县通盘考虑。让布局调整后的小学校或寄宿制学生多的大学校管理更到位，教学质量提升更快。

（本文发表于《学校管理》杂志2009年第5期）

校长要经营好学校文化品牌

杨一青校长说，学校文化是虚的无形的东西，是无法测量却可以被感知的精神文明，因而特别容易被忽视。学校是文化单位，承担着传承人类文明精髓的崇高使命，学校必须将塑造学校文化作为第一要务。在两次参加杨一青名校长工作培训活动中，无论是游走在杭州市学军小学的操场上，还是漫步在杭州市时代小学的校园内，或是静坐于杭州市和睦小学的教室里，我都深深感受到走名校之路必须先经营好学校文化品牌。

作为校长的自己，在近几年的工作中，不断摸索打造学校文化品牌，但细细琢磨，自己的理念、经营之道太肤浅、太表面化了。最近细读了《杨一青：探索名校经营之道》《搭建飞翔的舞台》等书籍后，对于校长经营学校文化品牌又有了自己新的认识与想法。

一、学校文化品牌是学校特色发展之根基

人们经常会问：什么是区别学校的核心标志？是升学率、校园建筑还是师生的精神面貌和行为作风？但细做推理，我们就可得出答案——学校内教师、学生和校长所特有的精神风貌和行为规范所体现的学校文化。

杨校长对"学校文化"理解简单、干脆。他认为，文化就是一种精神，为了一个共同目标，全校师生员工共同参与，上下同心，携手并肩，奋力拼搏，无怨无悔，终生奉献。用杨校长在《搭建飞翔的舞台》中所说的就是"团结合作，民主开拓，实干奉献"。这是学军小学的校园精神，也是学校文化的核心。

一位专家曾说过，学校文化是学校全体师生共同积累和创造的结果，同时，也需要通过学校全体师生来演绎和表达。一所学校能够持续其特色发展，离不开学校文化的滋养和孕育。学校的办学特色集中表现为学校文化的特色，学校文化的发展水平决定着学校的发展水平。学校要想吸引更多优秀教师和学生的加盟，就必须提高学校的核心竞争力即育人水平。学校要想具备核心竞争力，就必须拥有持续不断的创新能力。创新能力的获得来源于强大的变革能力；强大的变革能力基于特色鲜明、不断适应时代发展的学校文化。学校文化是学校核心竞争力的关键所在，是学校特色发展的基础所在。

在学校发展过程中，"文化的力量"正日益显示其重要性。一所学校特有的文化，营造了一种特有的相对稳定的组织氛围和言行标准，赋予了该校师生有别于其他学校的一种特有的身份认同，使他们在认知、态度和行为等方面主动符合自身身份的要求。比如，2009年12月22日，在参观杭州

时代小学时，我们发现，这所学校建校仅有10年时间，但它借助全国百所名校——天长小学，坚持"开发潜能，发展个性"的办学宗旨，推行"学得扎实，玩出名堂"的活动课程，丰富了学校文化内涵，办出了学校特色，彰显了文化的力量。此外，学校文化还可以促进师生员工对某一事物的认同，在组织利益、个人利益、其他利益等方面获得某种特有倾向的共识。学校姜缓缓、余骏、杨赢老师的班主任管理发言，很好地诠释了时代小学的共同愿景。

不管我们是否承认，每一所学校都会有其一定的文化存在，也有其相应的特点。一所学校的文化究竟如何，直接影响着教师和学生的发展，影响着学校的发展乃至学校教育改革的进行。在杭州学军小学，无论是杨一青校长的报告，汪培新校长的讲座，还是许宏老师的发言，都谈到学校的"十六字"教改纲领，"三化"办学目标。这些都是学校文化的沉淀，是学校发展之根基，被全校师生认可。

二、校长是学校文化品牌的主要经营者

"一位好校长成就一所好学校""校长是一所学校的灵魂"，这些都生动地表达了校长对于学校发展重要作用的理解。有什么样的校长，就会有什么样的学校，校长的价值观对学校的发展有着决定性的影响。同理，学校的办学特色、文化内涵是校长的价值观、风格、个人爱好的最佳体现。有人把校长与学校的关系形象而贴切地比作"母亲与孩子"的关系：母亲孕育并培养了孩子，使其健康成长，而终有一天，母亲会离开长大成人的孩子。因母亲遗传给了孩子自己的基因，孩子身体里流淌着母亲的血液，使得母子交融，合为一体。若从概率的角度来说，一位好校长能够办好一所学校的概率是非常高的。学军小学与杨一青校长紧密相连。大而化之，谁都不会否认蔡元培之于北京大学，梅贻琦之于清华大学，竺可桢之于浙江大学，陶行知之于晓庄师范学院，张伯苓之于南开中学，苏霍姆林斯基之于帕夫雷什中学的重大意义之所在。这些名校长凭借其独有的人格魅力和

非凡的办学思想与才能铸就了学校的成功，他们的精神与理念已经植入学校文化的内核，成为学校发展永不消失的基因，致使学校历经时代的冲刷，在荣辱、坎坷与辉煌的洗礼中初衷不改，与时俱进。

变革的目的是为了培育新的文化，办学从根本上说就是建设学校文化，校长要实现对学校的文化领导，这些都已成为广大校长的普遍共识。不论是对于一所还没有任何历史和文化的新学校，还是一所已经拥有一定历史文化积淀的"旧"学校而言，作为现任校长，要体现"在其位谋其政"的价值存在，就必然要在学校中发起变革，在变革中实现对学校文化的继承、更新和创造。那种奢望教师由下而上推动一场变革的现实可能性是很小的，变革总是由上而下进行的，因此，学校要发起一场变革，创造特定文化，校长的地位和作用是不言自明的。校长必然成为集学校文化的传承者与经营者双重身份于一身的核心角色。

校长要培育什么样的学校文化是对校长治校能力的重要考验。我认为，校长首先要形成他自己实际的教育哲学，即如何领导建设好一所学校。校长要有一种文化自觉的品性，要自觉肩负起学校文化建设的使命，要有胆识和智慧凭借自身的人格魅力、教育理想、价值取向、文化素养、治校理念，通过学校的组织建构、人际协调、权力运作等多种途径实现有效的学校变革，创建独具特色的学校文化。其次，校长要有凝聚和调动全体师生积极支持并参与变革的影响力。只有在全体师生全身心地投入变革之中甚至在校长离开之后也仍然一如既往地支持变革的情况下，变革才会成功，文化才能积淀。否则，若没有广大师生的热烈响应，其结果只能是"变革形同虚设，文化沦为口号"。当然，师生对于变革的不同态度和作为，在很大程度上取决于校长高超的领导策略。校长应在学校营造一种变革的"流行"氛围，宣传和建立一种新的适应变革的价值观，使师生员工对变革达成共识。校长应该在学校传递一种归属感、责任感和危机感，让每一位教职工勇于做"行动中的思想者"，激发他们在自己的工作过程中"回到原点"，不断对学校、教师、教育、教学、课程这些核心概念进行反思，突破他们"求稳惧变"的心理防线，塑造他们敢于不断超越自我的新的思维品质，培养他们一种全局的利益观，使他们在个人利益和学校利益上拥有中庸哲学，进而让他们成为变革的主动倡导者和积极参与者。最后，校长要能够正确掌握和操作变革的流程。如校长对于学校要建立什么样的文化，突出什么特点，体现什么精神，培养什么样的人才等，做到心中有数，并和全体人员达成共识。校长还要领导自己的团队，找出学校发展的方向、重点和切入点，制定新的规章制度，重新分配资源，调整权力关系。校长要率领全体教职工全身心地投入到改革中去，合理运用奖惩机制，充分激发参与者的热情，群策群力，发扬民主精神，加强彼此之间的沟通与合作，及时解决变革中存在的问题，坚决贯彻变革的意志，直至实现成功的变革。校长是学校变革的第一人，也是变革的"风向标"，在整个过程中，校长要以身作则，率先垂范，紧盯不懈，充分发挥作为学校第一领导者的重要角色作用。

杨校长说，学校实施"十六字"教改纲领和"三化"的办学目标，关键是人。人是学校可持续发展的最宝贵因素。学校文化变革的核心是人。校长在经营学校品牌文化时必须重视人、尊重人、依靠人、激励人、发展人。

三、校长经营学校文化品牌的五个层面

杨校长在40多年的教学生涯中，尤其是在20多年的办学过程中，渐渐明确了学校文化所包含的物质文化、制度文化、行为文化和精神文化等的内涵与外延。他在任校长期间，就是从经营学校文化入手来经营学校的。经过长期的努力，学军小学已今非昔比，各方面都有了长足的进步。我认为杨校长经营学校文化有五个方面值得自己学习。

第一，校长建设品牌学校文化。每所学校都有自己的文化，区别只在于是先进的还是落后的、积极的还是消极的、品牌的还是普通的。经营学校品牌文化就是通过继承、创新和整合，使先进的、品牌的学校文化成为学校的强势主导文化。从学校文化的形态而言，应从物质文化、制度文化、行为文化和精神文化四个方面进行学校文化创建，增强学校核心发展力。

第二，塑造学校共同价值观。学校价值观是学校文化的核心。一所学校选择什么、崇尚什么、追求什么，外显为教育行为和校风，内隐则是学校价值观念。学校价值观为学校全体师生指明了共同的愿景，影响着师生员工的日常行为、精神追求与发展方向，是学校取得成功的必要条件。美国著名管理学家德鲁克指出："管理的任务就在于使个人的价值观和志向转化为组织的力量和成就。"经营学校品牌文化就是要塑造正确的共同价值观，从而实现对教职工的价值引领与精神境界的提升。

第三，提出和实施共同愿景。愿景是我们想要的未来图景、价值观，以及达到的目的和完成使命的途径。愿景是组织未来发展的远大目标和组织成员的共同愿望，而非外加的或短期内就可以达到的目标。愿景和价值观是学校文化经营的根基，共同价值观是愿景的灵魂。学校的共同愿景是规范教育行为、凝聚力量、唤起希望、激发内动力，是引领学校发展的巨大推动力。实施共同愿景要以个人愿景为基础；平等对待每一个人，并彼此尊重；寻求相互合作，以团队学习提炼达成学校共同愿景。

第四，建设师生的精神家园。学校文化经营是一种柔性化、隐性化的管理，它必须规束师生员工的情感和精神生活。建设精神家园，让师生视学校为自己的"家"，视自己为"大家庭"的一员。建立具有融洽师生关系的精神家园，是学校文化经营实施的重要途径。

第五，转变学校领导行为。经营学校文化品牌，必须转变学校领导行为。学校文化经营理念是以人为本、尊重人性的管理，经营的根本目的是激励人、培育人、发展人，以此实现组织目标，并在组织目标实现过程中，进一步实现人的发展。学校文化经营中，领导者应该以此为根本出发点，自觉转变领导行为。领导行业的转变是以领导观念的转变为前提的。学校文化经营中的领导者，首先要转变重事轻人、重权术轻品德、重他律轻自律、重控制轻激励、重效率轻价值等观念，为自觉转变领导行为奠定基础。

四、学校文化在学校发展中成熟

文化是发展的产物，在发展中成熟的文化又会对以后的发展产生重要的思想指示、行为规范和精神激励。20世纪80年代杨校长受到系统论、信息论、控制论等理念启发，开始认识到教育是一个系统工程，要深化学校的改革，必须全面地、综合地、系统地、整体地考虑学校各项工作。基于这样的认识，学军小学开展了省级课题"小学班级管理整体优化综合实验"，后来推广拓展到学校整体优化改革。这个课题历时六年，得出了学校"十六字"教改纲领。1999年，学军小学为了适应时代发展的需要，又提出了"三化"办学目标。后来，学校又提出了学校全体师生的共同愿景。20多年来，杨校长和领导班子坚持不断学习，深入改革，在实践中提炼办学理念，引领促进教师专业化成长，促进学校的发展。但很多学校并没有如学军小学一样，在学校长期的发展中逐渐形成自己的文化，而是刚刚起步。这些学校处在一个经济全球化、信息网络化、社会学习化、文化多元化的时代，面对越来越多、接连不断的改革任务，所肩负的育人使命可谓任重而道远。

文化育人是学校区别于其他社会组织的本体价值体现，如何在继承传统的基础上创造出适合时代要求和学校发展的新文化，将成为摆在每一所学校面前的一个非常具有挑战性的问题。学校能否不断更新和创造自己的新文化，就在于能否走一条可持续而卓有成效的变革之路。

社会的进步、民众对教育多元需求的增长、政府对教育的投入、学校自身的发展，这些都转化为要求学校发展的讯息。发展成为时代的"强音"，学校必须予以回应。时下，为了学校发展，调动教师积极性，各义务教育学校正在实施教师绩效工资制，由于教师收入差距的拉大打破了传统"大锅饭"的旧局，形成对传统习惯的冲击。如果不及时引导、说明、化解，就会形成阻碍学校发展的文化。因为，教师在对发展的认知上是有差异的，发展的音符也正谱写着每一所学校特色各异的"乐章"。它们有的是采取"形变而神不变"的"伪发展"；有的是消极被迫的迟滞的发展；有的是能够准确预见发展的来临，进而能因势而发的积极的发展；有的是变革性发展，它们永远都处于不断发展的时代前列，它们制定发展的规则、理念，引领发展的潮流。

　　对于那些真正要发起变革性发展的学校而言，它们必然会付出一定的代价。这表现在，变革必然会遭到一部分人的反对或抗拒，必然会给学校的师生员工造成一定的心理压力，必然会使学校内部各部门、各方利益发生冲突与摩擦，必然会使资源和权力关系得到重新配置。比如，杭州和睦小学刚提出"习惯成就和睦"时，那些习惯于因循守旧、墨守成规的人肯定会发出反对、抵触之音。那么，学校如何才能冲破变革的种种阻力和障碍，从而达成学校文化品牌的目的呢？2009年12月23日，我们参观了和睦小学。在座谈会中我们了解到，能干的金英校长做了很多工作：第一，把发展理念深植于学校原文化的建设与熏陶之中；第二，校长具有发展的敏锐的战略眼光和坚持不懈的意志决心；第三，学校组建了一支干练得力的发展团队，能够积极发挥上传下达、综合协调的作用；第四，强调激发全体人员的危机意识和责任意识；第五，以全体人员达成一致的群体共识为基础；第六，充分发挥每一个人的主体性、积极性为条件；第七，制定一系列新的制度规范予以配套保证；第八，注重对发展过程的紧盯不懈，对于提出理念实施的内容、方法、步骤、监督、反馈等诸多环节都做全程的关注，在过程中及时发现问题和解决问题，等等。所以我想，学校发展的效果如何，成功与否，其标志在于学校文化是否得到进一步的更新和改造，学校文化的档次和境界是否得到一定的提升，学校的育人水平和育人效率是否有了明显的提高。用杨校长的话说，校长不要经常调动，最好在一所学校待上10年至20年，那么学校的文化一定会得到发展并成熟。

　　经过两次的学习培训参观，杭州学军小学、时代小学、和睦小学，给我留下的印象是深刻的。反思自己的学校，总感觉文化底气不足。接下来，自己必须静下心来对本校客观存在的核心文化与一般文化、主文化与次文化、传统文化与前卫文化等做出深刻的洞察和反思，充分发挥校长的作用，有针对性地补强学校的弱势文化或者强化学校的强势文化，经营好学校的文化品牌，通过3年至5年形成具有自己鲜明特色的学校文化。

（本文刊登于《杨一青工作室学员学习感受汇编》2010年第2期）

学校文化建设中校长的作用

近年来，学校文化建设越来越受到人们的重视，不过囿于学校建设资金不足、专业规划缺乏等因素，校园内只有崭新的大楼、空旷的操场和少量的绿化，没有景观，没有文化，粗放的校园环境折射出多校同质的现象。党的十八大报告明确指出："文化是民族的血脉，是人民的精神家园。全面建成小康社会，实现中华民族伟大复兴，必须推动社会主义文化大发展大繁荣，兴起社会主义文化建设新高潮，提高国家文化软实力，发挥文化引领风尚、教育人民、服务社会、推动发展的作用。"要让学校文化落地，从粗放走向精细，我认为校长应做好以下五方面的工作。

一、校长要做好学校文化的顶层设计

1. 校长要积极争取学校文化建设的资金

文化是学校的灵魂，是学校赖以生存、发展的重要根基，是学校存在价值和个性特征的体现。文化看似虚化，难以显性考量，但文化建设又是实的，一草一木都是文化的载体，一言一行都是文化的体现。

校长调入一所新学校，我认为首先要提炼学校办学理念，其次要规划学校文化建设。搞好文化建设，要争取上级教育部门的资金支持，资金不足的可以按照"整体规划，分项实施，逐步完善"的方针，做一件，成一件，收效一件。

2. 校长要深入调查，做好学校文化传承与创新

上海特级校长洪雨露说："校长要反思昨天，要奋斗今天，更要思考明天。为学校的明天当好设计师，是校长义不容辞的责任。"校长是学校的法人，学校的办学理念、文化建设，没有人会主动替校长去想，只有依靠自己深入分析学校的历史和现状，清醒认识学校的优势和不足，对文化建设的目标、指导思想、发展战略进行前瞻性的思考，然后带领教师讨论学校文化建设规划及配套行动方案。当然，对于前任校长提出的办学思想、打造的文化特色要继承、要发展，不能全盘否定，另起炉灶，否则得不偿失。

3. 聘请专业人士指导学校文化顶层设计

由于校长大多是从教学一线上来的，擅长的是教育教学，虽然对于学校文化设计有自己的经验或想法，但受阅历、学识、地域等限制，要使学校文化设计立意高远、内涵丰富、具有可行性可能有些困难。我认为，校长需聘请教育专家、管理精英、有学校文化设计经验的专业团队共同研究，厘清思路，创新理念，塑造高品位的文化价值追求，形成浓郁的学校文化氛围，使文化建设渗透到学校发展战略、教育科研、校园环境、文化生活等各环节之中。

二、校长要让文化显现校园每一角落

1. 校长要统一规划校园景观设计

当前，大部分学校的基础建设都是续建项目，缺什么建什么；文化建设是想建什么建什么，没有统一规划，更没有自然环境特征、学生心理因素、地域文化、学校精神的综合考量。我认为，学校文化建设应从自然、人文、社会等多角度出发，综合考虑学校理念、办学特色等内在因素，利用各种景观造型手段，构建一个立体的、亲切的、参与性的系统空间和思考场所。

校园景观应讲求寓意性设计，利用造型、色彩、质感、符号、图案，

融入正能量的人生观、价值观、世界观、审美观、道德观，传达丰富的校园文化精神内涵和育人理念。杭州市学军小学原校长杨一青曾说，校长到一所新学校，首先要把学校外观颜色统一。我认为，这一点很重要，它是学校文化建设的基础。其次，根据学校的办学特色，设计一些景观。硬质景观有亭和廊等建筑小品、浮雕、圆雕；软质景观有植物绿化、景石搭配、水体设计、声光设计。水景设计，要把握安全性和生态性的原则。

2. 校长要倡导室内环境个性化设计

室内环境指教室、宿舍、走廊、卫生间等小空间的内容建设。室内环境，应富个性化、图文并茂，营造温馨的氛围。如班级教室的前墙可贴上自己班内的班训、班风，但注意文字比例、色彩搭配；后墙可改单调的水泥黑板为软木黑板，采用图案、色彩和造型新颖的贴纸，将鲜活的班级文化展现出来；功能室可设计场景化的环境，让教与学更有乐趣、更有效率；走廊上可考虑大面积彩色绘画，改变"一片白"的传统面貌；窗户间可悬挂统一边框的绘画作品、宣传画，或展示文化活动照片。在教学楼入口或者较大的公共空间应规划一些特定的文化主题，比如学校的文化精神展示、开放性图书柜等。卫生间干净整洁最重要，而温馨的瓷砖色彩、精美的文明提示牌能更加有效地促进学生自律。

3. 校长要多渠道拓展文化建设的载体

教育家苏霍姆林斯基认为，校园环境是一个完备教育过程中的必不可少的条件，是对学生精神世界施加影响、培养学生的观点信息和良好习惯的手段。校园的每一物质实体都应经过校园管理者的统筹规划为教育工作服务，发挥育人功效。我认为，校长还应多渠道拓展文化建设载体。如通过校讯通、校园广播、校园网站、校报、宣传画册等，宣传学校办学理念，弘扬学校精神，着力形成学校特色的校风、教风、学风，营造浓郁的人文环境。通过设计学校统一的PPT模板、学校校服等，展示学校师生风采，诠释高尚的审美情趣。

三、校长要让文化植入每一师生员工心田

1. 师生都要做学校文化的缔造者

师生都是学校的主人。师生参与校园文化环境建设，不仅可以现场感受环境的精神熏陶，而且通过亲身劳动还能体会到创造的幸福，使校园文化环境成为培养师生劳动观念、审美态度、环保意识、卫生习惯以及社会公德的第一场所。我提出，我们每一个人都很重要，师生都是学校文化的缔造者，学校、班级布置必须人人参与。

比如在学校文化建设中，不管师生采用何种高档的材料和艺术化的形式进行布置，都是师生的才智展示，我们都要给予充分肯定。没有师生持续的建设和改变，校园文化环境都只是静态的物质文化，没有鲜活的生命力。环境卫生需要细心呵护，展板内容要定期更换，开放书柜的图书要流动，学生作品展示要更多更好……只有师生不断贡献自己的智慧和才能，才能让"校园每一面墙都能说话"，才能在冰凉的硬件建设上结出耀眼的精神文化硕果。

2. 师生都要做学校文化的传播人

师生都是学校文化的缔造者，也是学校文化的传播人。校园文化建设是师生精神风貌、思维方式、价值取向和行为规范的综合体现，师生的形象代表着学校的形象。所以我们提出"招贤学生十条好习惯""招贤教师十条好习惯"等，让这些好习惯植入师生心田，陪伴他们走向社会。卢志文校长曾说，人是被环境教育着的，通过环境渗透的教育往往是富有影响力的教育，这种不露痕迹的教育又常常是最能入脑入心的教育。师生在校园内创造文化，走出校门便传播文化，对家庭、对社会均起着引导、凝聚、激励和约束的作用。

四、校长要让文化辐射所有学生家长

1. 学校要让家长参与到学校文化建设中来

校长要构建学校的支持环境，支持环境就是良好的社会环境。校长既是学校内部的管理能手、教学的行家，还是社会的活动家。校长要通过自己的活动，争取上级领导对学校的关怀，更要争取家长对学校的支持。只有家长更全面、更积极地参与共建，学校办学理念才能得到家长的广泛认同和支持。这样的学校文化才是完整的、覆盖全面的，学生才能更多元，更有个性，更具创新意识、创新精神地发展。比如学校景观设计、文化长廊、班级布置，让家长一同参与；孩子班内的班风班训、班级管理制度等内容也让家长参与制定，那么孩子会更有认同感，落实就更有效。

2. 家长要做学校文化建设的践行者

如果学校的办学思想、理念得不到家长的认可，学校文化得不到家长的认同，就会出现家校合作的障碍，难以形成方向一致的教育合力。既然家长参与到学校文化设计中了，有了家校沟通与合作的基础，那么家长成为学校文化的践行者也就不难了。

比如让家长参与学校书香文化建设，我们首先通过召开家长会，向他们发放宣传资料，倡议家长为孩子营造一个安静、舒适的读书环境，共同拟订读书计划；然后动员家长在周末带孩子一起去书店，亲子共读一本书；最后围绕书籍中发现的共同话题展开交流，交流的方式可以是对话、日记、小报、研究性学习等。在学校书香文化建设过程中，我们发现家长通过校园网站、读书博客、家长QQ群、家校通平台来参与学校文化共建大讨论，收到的效果真是出人意料。

五、校长要让文化融入学校所有活动

1. 在实践活动中丰富学校文化

有专家曾经说过，理论再高明，办学理念再合乎人性和教育规律，如果只是纸上谈兵，没有在学校各层面的实践活动中落实，理论就只是理论，高品位的校园文化就形成不了。我在网上浏览一些学校的校园文化建设事迹时发现，大量的学校把校园文化的"文化"展示仅仅局限在校园的外在环境美化，比如在学校的走廊上、墙壁上、立柱上画几幅画或写几句名言警句，便有了"××"文化。建设高品位的校园文化当然包括美化校园的外在环境，也包括在一些墙面上张贴必要的励人向上的格言，但建设高品位的校园文化主要途径并不在此，而是在正确的办学理念指导下，学校开展各种各样的实践活动，通过各种实践活动来建设高品位的校园文化，让师生在活动实践中创造、体验、认同本校的校园文化内涵，进而使校园文化内涵内化为师生的价值取向，从而最终实现"文化引领人"。

比如，有的学校召开教代会商讨学校发展大计，有的学校可能只是将校长意志转化为"群众"意志，从而使学校的决定"师出有名"。当然教代会能做到这样的效果也不错，总比学校在事关学校发展大计时"拍拍脑袋"强，但校长要从校园文化营造的高度，自觉地做足"教代会"这一活动的大文章。法国启蒙思想家伏尔泰说过一句经典名言："我不同意你的观点，但我誓死捍卫你说话的权利！"要人们尊重不同意见者说话的权利，这也是现在学校管理者最起码的素养。学校经常通过召开这种民主教代会，必定会营造出与之相应的高品位的校园文化——共同意识文化。共同意识文化一旦形成，它必然会为学校管理者的管理工作提供深层次的支持力量。

2. 学校的文化指导着学校的活动

以高品位的办学理念长期指导学校各层面的教育实践活动，校园就会渐渐体现办学理念所要追求的精神场景，高品位的校园文化才会逐渐形成。比如，我们提出学校的办学理念是"我们每一个人都享有出彩的机会"，校训是"孜孜探索，美美践行"。所以学校在组织各项活动时，都会考虑学校每一个人，让每一个人都能参与探索，参与学习。这一行为需要"孜孜"的细心态；这一过程是"美美"的幸福的。长此以往，"我们每一个人都享有出彩的机会"的办学理念所要形成的精神场景就有可能形成，而体现这一办学理念的高品位、有特色的校园文化也就形成了。所以清晰的、合乎人性的、合乎教育规律的学校办学理念，要放在建设高品位校园文化的第一位。

印度诗人泰戈尔说："不是锤的打击，而是水的载歌载舞，才使得鹅卵石日臻完美。"人是文化的人，文化以"润物细无声"的方式影响着人的成长。一个人在一所学校"浸润"了若干年后，就不可避免地被"烙下"深深的"文化印记"。文化建设是改变校园面貌、提高教育质量和管理水平、促进师生和谐发展的有效途径之一。文化环境的建设形成的文化"磁场"，会在无形中统摄和滋润师生的灵魂，发挥长效的育人功效。校长要做学校文化建设的推手，明确自己的责任，把控设计成果，持之以恒地进行文化建设，努力实现物质世界与精神家园共舞，促进师生身心健康发展。

（本文发表于《教学与管理》杂志2015年第8期）

精致管理：从撤掉校园垃圾桶开始

世界已经进入精致时代，学校也不例外。在你追我赶创品牌、创特色的浪潮中，许多校长都在思考，究竟是什么原因拉开了学校的档次：师资力量？学生素质？文化传统？教学设备？……不可否认，这些差异的确制约着一些学校的发展，但在竞争激烈的今天，我认为，学校管理的粗放与精致的区别是导致学校之间差异的关键所在。近年来，我对学校精致管理进行了一些尝试，主要从以下几方面进行。

一、校园内是否可以撤掉垃圾桶

记得在报纸上看到这样一则故事：一次早餐时，一个学生扔了一个塑料袋，校长弯腰拾起来对小同学说："你的东西掉了。"可小同学看也不看一眼就说："不用了，扔掉吧。"校长问："扔哪里？"那个小同学随口说了句："随便。"就进了教室。校长站在那里没有走。上课3分钟后，那个学生心急火燎地跑出来，不好意思地问校长："刚才那个塑料袋呢？那里有我的英语书。"校长说："扔了，在垃圾桶。"他跑到垃圾桶前，翻来翻去，怎么也没有找到。看到这里，校长说："你的东西在这儿。"接着，拿出了身后的塑料袋交给他，问："如果我按你说的扔掉咋办？"小同学涨红了脸说："我错了，平时乱扔惯了，今后一定改正。"

从这个故事中我想到，学生乱扔垃圾是习惯使然。要改掉这种习惯，学校是否可以从垃圾的产生源头与存放地做文章呢？我在2013年9月尝试撤掉校园内一半的垃圾桶，通过集会告诉学生在校园内不吃零食，不随手扔垃圾。要求大队部跟踪乱扔乱倒和自觉捡拾垃圾的学生及其所在班级，并做好记载及时公布。一个月后，我撤掉了校园内、楼道里所有垃圾桶，学生在学习过程中产生的垃圾、校园内捡拾的垃圾统一放至教室内备用的小垃圾桶。同时学校设立了课间流动岗，轮流检查各班级包干区内的卫生保洁工作。不到两个月时间，卫生脏、乱、差的问题得到了有效的改善。

至今，撤掉校园内的垃圾桶已整整两年，校园内每天干干净净。撤掉校园内的垃圾桶，不仅减少了学生打扫包干区的时间，而且养成了学生不乱丢垃圾的习惯。

二、抽屉内是否可以整齐划一

小学生自律性差，随意性强。校园内垃圾桶撤掉，学生便将纸头、果壳等偷偷放置于抽屉，加上课本、试卷等大小不一，书包又大，抽屉杂乱无章。我提出建议：学生抽屉内是否可以整齐划一？2013年12月，开始在高年级尝试。

做法是：首先，摆现状，通过班会课，展示学生抽屉中凌乱不堪的图片，让学生谈谈观看后有什么感想？怎样解决这些问题？其次，提要求，要求学生在抽屉内不放杂物、瓜果纸屑，保持抽屉环境整洁；要求学生必须及时将使用完的包装袋、纸头等放进班级备用的小垃圾桶内。再次，教方法，教给学生抽屉内的物品按照"使用频率、上小下大"分类放置。最后，常提醒，要求班主任每节课前用1分钟、每节课下课时用30秒钟提醒学生检查一下自己的抽屉是否干净、整洁、卫生。

一年来，学校定期开展学生抽屉整洁检查活动，把每天检查的结果及时公布，对表现好的班级大张旗鼓地进行表扬，对于做得不够的班级与学生，指出不足，督促其逐步转化，让大家时刻处在抽屉文化的氛围中，让每一个学生都成为抽屉文化的创建者、传播者。

三、教室内是否可以看不到灰尘

灰尘，无处不在，无时不有，但堆积到一定程度，就会影响我们的生活。在我的管理经验中，农村学校与城区学校最大区别就在于灰尘管理。农村学校泥地多、灰尘大，但随着政府对农村文化建设投入加大，美丽乡村建设步步推进，学校硬化、美化、绿化等工程的全面实施，教室内是否可以看不到灰尘？

2014年9月，学校开始要求，教师和学生到校后的第一件事就是擦拭灰尘，保持室内外所见之处没有灰尘。专家说，管理的最有效方法就是示范。学校在校门口设置了擦鞋机，教师到校第一件事就是擦拭自己皮鞋上的灰尘，"美好的一天，从鞋上没有灰尘开始"。学生从自己的桌面没有灰尘开始，每个班级配置抹布，学生到校第一件事就是擦拭桌面、凳面、窗台、玻璃等，保持窗明几净。具体做法如下：

首先，教师示范，指导学生会做。开学要求班主任每天早到校，教学生如何去擦拭灰尘。比如，擦玻璃，教给学生先用微湿的抹布把玻璃擦拭一遍，将大部分的灰尘与脏物擦掉，然后用废报纸再擦一遍；擦楼梯，一组同学用湿抹布擦拭后，另一组同学赶紧用干抹布再擦拭。

其次，明确目标，反复强调要求。小学生容易忘事，老师讲解的知识和要求隔段时间就会抛到九霄云外。我们利用晨午检时间对前一天的清洁卫生进行总结，每天强调要一尘不染。

再次，做好责任的分工。我们将教室的卫生工作进行划分，如擦窗户、门、黑板、走廊、电视机等工作责任到人。工作细化之后，每个同学承担的工作量不大，可随时做好保洁。

最后，发挥班干部的监督作用，每天检查。一年下来，教室内能保持每天没有明显灰尘，班上每个同学都能开心做卫生，班主任工作轻松了许多。

四、班级是否有自己的文化特色

班级特色文化，是一个班级的本质、个性和精神面貌的集中反映。招贤小学是一所科普特色学校，2013年，学校要求各班级结合学校提出的科普主线，打造自己的特色。

首先，要求给自己班级取一个好听的名字；其次，设计自己的班徽、班旗、班训、班歌、班级承诺等；最后，师生共同装饰教室的每一空间。每个班级学校统一购置卫生打扫工具、书架、花架、软黑板，统一设计公示栏、中队角，统一配置一盆水仙、一缸金鱼等，对班级内的动植物养殖存活情况列入班级考核。

比如五（2）班，他们取名"五岳三山"，把班级内学生分成八组，分别命名"泰山""华山""衡山""嵩山""恒山""黄山""庐山"和"峨眉山"小组。班级口号为"山外有山，人外有人"。寓意为强中自有强中手，本领再高，也会有更强的对手，以此来告诫自己：做人、做事都不能自傲，要谦逊、向上。班歌是《年轻的战场》，希望在这个最年轻、最特别的战场，赢得更多的掌声；在失败的时候，能迎来祝福的目光；通过努力，付出汗水，展现给大家自信的力量。教室四周布置"窗花""植物角""书香致远""我的理想""读书笔记""名牌文化墙"等内容，充分利用教室内空间，提供展示平台，让每个学生都享有出彩的机会。

五、学校是否有自己的办学理念

一所精致的校园，应当是校园文化主题鲜明，文化育人功能得到充分发挥的校园。学校提出"我们每一个人都享有出彩的机会"的办学理念，通过"孜孜探索、美美践行"，努力打造科普特色学校。学校在校门口新建了天趣池，池中有龟、蚌、螺、莲等动植物，假山流水，灵动别致，风生水起，微波荡漾，成群的锦鲤嬉戏其中，美不胜收。在教学楼前新建了"向阳亭"，在校园的南面新建了"通慧廊"，在综合楼东边新建了"休憩园""问天台"等。这些场景的设计，一方面美化了环境，另一方面为学生开展科普研究提供了场所与样本。

学校除了积极打造精致的校园环境，还关注校园内师生的言谈举止、价值取向。有人说，一切管理的品质最终都要通过人的素质提升体现出来。近年来，招贤小学通过制度引领，榜样示范，如今学风正，教风纯，家校关系和谐，教师"不待扬鞭自奋蹄"，优秀已成习惯。在这里，教师能够得到关爱、支持和帮助，学生兴趣、爱好能够得到尊重和发展，教学质量逐年提升，学校的办学成效得到领导、家长、社会的认可。

当然，在实施过程中，我也深深感受到，精致管理需要一定的物质保障，需要师生的认同，还需要得力的技术手段，更需要坚持时时精致、表里如一。

精致源于细节。学校精致管理是一种境界，它既不能一蹴而就，也不是高不可攀，它就存在于日常工作的每一个细节之中。我们相信，当精致管理成为每一个教育者内在的一种品质时，它将不只是一种管理体制，也不仅仅是一种思想方法，它必将作为一种生存方式，对我们的工作和生活产生深远的影响。

农村小学创建科普特色校园实践研究

校园文化是学校教育的重要组成部分，是学校环境、学校活动、学校秩序、学校精神和学校制度的综合体现，是全面育人不可或缺的重要环节。2014年10月浙江省教育厅发出关于全面加强中小学校园文化建设的通知，要求各级教育行政部门尤其是学校校长应强化顶层设计意识，加强校园文化建设研究，提炼学校精神，整合学校活动，完善建设体系，丰富中小学校园文化内涵。

常山县招贤小学是一所典型的农村小学，位于320国道边、距县城20公里的招贤集镇上。学校现有18个班，700多名学生。近年来，学校把科普教育作为特色项目加以创建，形成了多渠道、宽领域、广角度的科普教育新局面，"孜孜探索，美美践行"得到高度认同，"格物致知，以文化人"正落地生根。

一、集思广益，做好学校文化的顶层设计

1. 提炼学校办学精神

自古以来，招贤人杰地灵、商贾云集，更有千年古镇之美誉。滚滚红尘嚣，千古一瞬间。如今虽然少了人来人往的喧闹声，但村落里依旧古木参天，田园间绿意盎然。乡民依旧儒雅，民风依旧古朴，乡音依旧淳厚，古韵文化依旧耐人寻味。为重拾历史的记忆，我们以"格物致知，以文化人"为核心价值，提出"我们每一个人都享有出彩的机会""我们每一个人都很重要"的办学理念，通过"孜孜探索，美美践行"，将学校精神落到实处。在深入调研的基础上，做好学校科普文化传承与创新。聘请专业人士指导学校文化设计，厘清思路，塑造高品位的文化价值追求。

2. 统一规划校园景观

招贤小学占地面积12857平方米，建筑面积6217平方米，绿地面积4242平方米。学校邀请当地科普专家、校园文化设计师等出谋划策、共同协商，草拟校园科普景观造型，最后确定一个立体的、亲切的、参与性的系统空间和科普场所。统一规划学校布局，将原先校园内杂乱无章的校舍进行拆除，然后新建综合楼、连廊、塑胶操场、排球场；统一校园墙体着色，将学校墙体全部粉刷为浅蓝色，在楼房一层外墙全部粘贴棕红色条砖，一楼过道沿边砖砌一排矮墩子并铺设花岗岩。根据学校的办学特色，合理设计"天趣池""休憩园""向阳亭""天文台"等，多渠道拓宽文化建设的载体。

二、融合统筹，广泛开辟科技活动场所

1. 开源节流

在学校经费使用严格控制的新形势下，要抓好学校特色，学校需要开源节流。我们根据学校文化建设分步实施要求，逐年完善。近三年，我们在县教育局投资400多万元新建综合楼等工程的基础上，投资100多万元新建了图书室、资源教室、电脑房、摄影教室、阶梯教室，配置了移动终端项目两个班级、信息化电子班牌18个；开辟了小博士种植基地约50平方米，并购置了必要的种植器材；购置了40余种名贵植物，多种动物供学生养殖研究。

2. 部门协作

学校的发展需要社会各界的关心、支持，需要借力。学生科技活动需要必备的场地、器材、人员等基本条件。招贤小学近年来得到市县各级部门的大力支持，它们为学生开展活动投入了大量资金，用于基地建设、器材购置、教师培训、活动竞赛等。近三年，中国体育彩票福利基金会投入20万元新建校园科技馆等；县气象局投入10万多元，新建校园气象观测

站并配置两套设备；县科技局投入6万多元新建科普长廊；县科协、县林业局、县环保局、县人防局等投入5万多元帮助学校新建生态池、宣传窗等；县交通局正准备投入10万余元帮助新建校园模拟公路。各部门的通力协作，使学校在教育经费不足的情况下科技场所建设依然如火如荼。

三、创新载体，积极举办各项科普活动

1. 借学校科普设施之便，开展实践研究

招贤小学，校园内师生多，学校新建沼气池，将每天师生产生的污水、垃圾、粪便等有机物在密闭的沼气池内发酵，产生沼气。学校使用沼气烧饭做菜，减少了学校食堂燃料的开支。经沼气装置发酵后排出的含有丰富营养物质的料液和沉渣，用作种植园的肥料。沼气的使用，极大地激发了学生对科普研究的兴趣。风力发电，南方学生很少见到，大部分都是在书上、电视上看到的。学校把风力发电机安装在校内，学生每天可以观察到，虽然他们不知道风力发电的原理，但从小就在他们幼小的心灵里埋下了探索发现的种子。近年来，学校新建沼气池、风力发电机、太阳能路灯、土壤研究馆、气象观测站等，让学生在教师的指导下研究实践，学生兴趣盎然，意犹未尽。

2. 借各级科普专家之力，举办科普报告

我们借助县科普会员单位，每月举行一次全校性的科普教育活动。比如邀请中科院老科学家、空军指挥学院研究员、教授、博士生导师徐邦年讲《飞向蓝天》；国家级"非遗"项目传承人曾祥泰等到校讲《喝彩谣》；县科技局副局长胡丽君到校讲《专利如何申请》；县气象局、县科技局、县林业局等部门组织科普专家定期到校讲座。每年各类科普讲座不少于12次，内容不仅涉及航天航空、新能源、交通医药等科学知识体系、应用技术，还有科技革命迅速发展而产生的新思想、新知识、新技术。

3. 借组织科普实践之机，开展评比活动

科普教育，需要全体学生的参与。调动全体学生参与的积极性，离不开各种评比。近年来，我们借助科技节、科普周、纪念日等时机，开展形式多样的科普实践活动，让学生在活动中学习，在学习中评比。比如普及科技制作型活动，我们组织学生制作孔明灯、风筝、航模、动植物标本、三棱镜、万花筒、望远镜、放大镜、显微镜等；文娱表演型活动，自编自演科技相声，表演科技小品，猜科普灯谜等；科普竞赛型活动，如开展小制作、小发明比赛，拼图比赛，智力竞赛，科普知识抢答赛等；科普宣传型活动，如设计、制作科技时事报、科普常识宣传画，组织学生完成科普常识手抄报、科普常识和科技网页制作。除了以上活动，我们还组织学生参观博物馆，自然保护区陈列馆，农业综合开发基地，工业园区等。近三年，学生在各项科普评比中获县以上奖励200多人次，学生兰雨晴发明的"方便剪柚器"已申请国家专利，2014年学校被评为衢州市科普教育基地暨知识产权教育试点（示范）单位，2015年被推荐为浙江省科普教育基地学校。

四、齐头并进，做好科普教育学科渗透

1. 开展好每次社团活动

我们把每周三下午2点至3点30分确定为拓展性课程时间，全校学生全部参与，采用走班制形式，开设七巧板、纸飞机、航模、小发明、小制作、气象观察、影像拍摄、电脑作图、科幻画等社团。每学期学习成果展示一次。2015年，社团推选的学生参加衢州市第12届青少年科技创新大赛，在科技创新、科技实践、科幻画等评选中有10个项目参加布展，是衢州市布展项目最多的学校。

2. 开设好每堂学科教学

科普教育的主渠道是课堂教学，抓学科渗透，做到科普教育"学科化"。科普教育内容丰富，知识面广，科学性强，与各学科具有紧密和显著的互补

性，能活化学科知识，提高学生综合运用知识的能力。现有各门学科不仅具有科普教育的丰富内容，而且各学科中渗透的科普教育内容既是渐进的、相对独立的，又是相互联系的，它们构成了科普教育的启蒙基础教育体系。我们一方面重视科普教育在各学科中的有效渗透，以科普辅导教师为重点，组织教师分学科、分系列、分层次整理编制学科渗透科普教育的知识点，使科普教育在各学科中具有可操作性。另一方面，重视各学科间科普教育内容的相互沟通，使各学科教师齐头并进，相互连通，努力使各学科联合进行科普教育渗透，使科普教育真正落实于各科教学之中。

3. 利用好每个渗透机会

我们的做法：一是提高科学课的课堂教学水平，积极组织学生实践操作，把学生的实验操作能力列入期末测试成绩；二是重视教学资源的利用，充分利用摄影摄像、多媒体班班通、探究性实验室配套设备，建成高标准实验室；三是建立招贤小学校园网，开通校园电视台，录制科技电视节目，利用校园信息发布台、电子班牌实时展示，并归类贮存；四是承担科普活动的创意和组织工作，如市科普大篷车进校园、市博物馆展览进校园等；五是承担科技创新、科普知识大赛的策划、组织、评奖活动；六是承担最新科研成果定期宣传报道工作；七是承担科学陈列室、科普展示柜的布展工作；八是承担科普活动成果的整理、布展、编印、上报工作。

五、深化特色，加大科普校本课程开发

1. 开发科普特色课程

近年来，学校通过社团活动，借助有特长的教师开发了近十门科普教育校本课程，如《小发明》《少儿摄影》《陶艺》等。教育的实践告诉我们，学生个体的需求是多样的，也是多变的，随着新课程的稳步推进，校本课程的开发也要与时俱进。我们认为培养学生创新实践能力是知识经济时代教育的召唤，课程内容的设置应以培养创新实践能力为宗旨，校本课程也

是一样。虽然我们有的课程已比较成熟，如《少儿摄影》，教材是衢州市精品校本教材，但我们发现，要将特色深化，还需要通过专家论证、学生使用，几个轮回之后，效果才能得到更好显现。

2. 建立科普评价机制

我们开展科技社团和科普宣传等常规活动的管理和评估。评估科学课、科技社团、科技创新大赛活动、成果展示活动管理情况。 我们又对科技特色创建工作成果的整理、布展、编印工作进行评价。通过评估，使学校科普教育层次更高，价值更大化。同时，我们制定了科普特色学校师生获奖、专利申请等奖励办法。

3. 借助课题深入研究

学校将科普特色文化建设课题化。2012年学校组织过市级立项课题《农村小学凸显三个本位，依托四个基地的科技教育研究》，2015年我们申报了衢州市重点课题《农村小学开展科普特色校园文化建设的实践研究》。

近年来，招贤小学在开展科普特色文化建设过程中，得到社会各界广泛关注。仅2015年，学校接待了国家级教育均衡县评估组专家、省教育技术装备规范管理县验收组专家、市课改巡查组专家、县精致管理现场会领导等20多批次500多人，均给予充分肯定。虽然通过几年实践，学校先后获全国科普教育示范单位，省天文活动优秀组织奖，市科普教育特色学校，市科普教育示范基地等。我们知道，科普特色文化创建才刚刚起步，还在路上，我们将一如既往，"孜孜探索、美美践行"，让每一个孩子在校园中绽放、出彩。

（本文发表于《衢州教育》2016年第2期）

第二辑

班级：一枝一叶总关情

班级管理的支点在哪里

班主任工作在学校管理中起着十分重要的作用，因为班级管理好了，学校秩序就井然了。现在很多班主任总感觉自己班级管理困难，比如卫生方面不能做到日日干净，乱扔现象严重；学校分配一个班级订报任务，班主任感到为难；班级纪律不好，班主任束手无策……出现这些现象，我认为主要是班主任在班级管理中没有找到管理支点，工作只是浮于表面。如何深入开展班级管理工作呢？结合自己工作经验，我认为可以从以下三方面入手。

一、习惯——以点带面，常抓不懈

每接手一个班级，必须在学生入班级第一天就跟学生说清楚班级的纪律、卫生、学习、就寝等规章制度，最好能上墙。如果违反，有详细的处理办法，让每个学生都知道，这是第一步。第二步就是检查落实，班主任必须在前两个月内持续检查，发现问题及时处理。比如发现学生乱扔就进行教育，防止第二次发生，发生第二次就深入交流，在班内着重讲。在这期间，教师要借助学生相互监督来达到规章制度的要求。对于举报者要表扬，而对于屡犯者则要诚恳地批评，使他真心悔改。第三步，阶段性总结或表扬，让学生的良好品行得到长时间的坚持，最后养成习惯。

当然，抓常规习惯要有计划，有重点，有步骤，有成效。比如，有的老师开展的学生整理习惯培养就很有借鉴意义。因为学生有玩心过重、懒惰的习性，课桌不整洁是大部分学生的劣习，但老师发现这一情况，及时进行严格训练，效果自然好。

记得我刚参加工作那一年，接手了一个三年级，包班。语文、数学、自然三门是考试科目，全班共23个学生，但有一个叫小燕的女生，每次到校后总是交不上来作业。我问原任老师，他说她就是这样的，经常不做作业，老师对她也没有办法。于是我去找这个学生了解情况，学生每次都低头不答。我打电话给家长，家长说，孩子的确常常完不成作业，可能主要是孩子动作慢。我觉得孩子动作慢完不成作业肯定不是主要原因。于是我跟踪了一周，发现了几个原因。一是在家里没人管，她父亲在城里工作，平时回家少，母亲虽然在家，但主要精力花在两三岁的儿子身上；二是比较懒惰，玩耍是她的最爱，加上动作慢，易分心。做一道数学题，其他同学5分钟做好，她要50分钟。每次看到她书本放得很好，笔也拿在手上，可她写几个字，就会看看边上的猫或狗，有时还呆呆地看什么，一看一玩或一说，就是几十分钟；三是缺乏督促，她每次作业没做好，早上到学校老师总是批评一通，让她中午补，她也无所谓，补就补，慢慢来，不吃饭也不急，到下午上课了她还没补好，那照常上课，放晚学，她又回家，老师没有坚决地落实，久而久之就成了老师头痛的人物了。我分析原因后，找来家长配合，得到家长的认可，我就开始尝试了。

这是一个周一早上，我发现她周末的作业一题也没做，空本子上交，于是中午放学后让她补，我也在教室陪着，只见她慢手慢脚的，我也没怎么批评，只管让她慢慢来，中午过后仍没有完成，我说放晚学再补。放晚学后，我当着学生面打电话给她的家长，说孩子作业没完成，不让回了，什么时候做好订正好，什么时候回。我仍然陪着，看着天色渐渐黑了，她的眼睛红了，这时作业交上来，我教育道："小燕，老师布置的这么一点作业，你怎么现在才完成？"她低着头不答，我继续说："不会做可以问老师呀。做什么事都要用心，要迅速。"我改起了她的作业，结果发现有好几处错，并向她一题一题解释，然后说："错了拿回去改，改对了才能回家！"这时，只见她向外一看，天已黑了，她拿着本子哭着回到座位。我打开电灯安慰道："不要哭了，抓紧时间做，做好了抓紧时间回家。哭是解决不了问题的！"当她订正好作业已是晚上六点多了，外面已经一片漆黑。"作业一定要及时完成，不完成下次还要留！"她似听非听，拿着书包走出了教室。我悄悄地跟在后面，看着她摸黑快步回家的样子，应该有所感触。接下来的几周时间里，她的作业基本完成并及时上交了。

我认为，学生作业不及时交，很重要的是老师督促不到位。如果学生作业不会做，老师应及时指导；学生因贪玩而没做，老师应督促其及时补上。学生拖作业，老师一次都不要放过，时间长了，学生知道了老师的脾气肯定不再也不敢拖作业了。

二、项目——寻找特色，成就亮点

每一个班级都是由不同个性的学生组合成的不同集合体。班主任的管理也不能按部就班。只有根据不同的集合体采取适宜的方法才能事半功倍。也许大家都很熟悉魏书生的班级自主管理，也许大家听说过万纬的班级管理兵法，他们的管理都非常有特色，成效显著，值得所有班主任学习。现在很多老师借助书香校园，通过明确读书要求、读书时间等打造书香班级也是一个非常好的突破口，也可以说是班级管理上很好的项目。

其实，班主任只要做个有心人，心中有项目或特色管理的意识，班级管理自然有起色。记得有一年，我接了一个高年级班主任，兼语文老师，我发觉本班语文成绩很差，主要是写作基础差，学生怕写作文。怎么办？于是我左思右想，想出了这样一条路子。

首先，我召集各位家长来校参加家长会，宣布了本班学生语文成绩以及平行班级的成绩，分析了相互间的差距与原因——写作能力差。然后，我向家长说明，其实作文并不难，难就难在家长不重视，家长不配合，孩子肚里没货，没东西写，也写不出。当我这么一说，家长纷纷问我应该怎么重视，怎么配合。有一家长说："老师，只要你让我孩子成绩好，作文好，我什么都舍得！只是怕孩子不想学、不会学。"我说："错了，孩子都想学好的。只是条件不一，学习态度不一，成绩不一。"最后，我说，要提高作文水平有两条路，一是多读，二是多写。

多读，需要家长配合为孩子订一份适合小学生的报刊，家庭条件好的可以选价格贵点儿期数多的，家庭不是很好的可以选择便宜一点的书或报。我问过邮递员，最便宜的报纸一年才30多元，最贵的才150元左右。同时我提出，你为孩子订了一份报刊，一定要督促孩子看完，并提出孩子在一年内要发表一篇文章。这一说，一周后班级内可火了，学生纷纷交钱要订贵的好的（很少有家长愿意承认自己家庭条件差而订最便宜的）。这一来，班级内37人订了35份不同的报刊。《小学生阅读报》《小学生学习报》《少年报》《作文评点报》《少年作家》，等等。这些报纸杂志我也是第一次知道，第一次拜读。为了资源共享，我找来几根木条，钉在墙上，然后在每本杂志上打好洞找来棉线挂上墙，同班同学相互借阅，一学期结束收齐归还订阅者保存。真没想到，在接下来的每一天，学生都在焦急地等待邮递员的到来，争抢阅读自己征订的最新期刊。后来，渐渐地由等待邮递员送自己的报刊到等待邮递员送自己的作品样刊与稿费，这样的转变、这样的等待变成了一种幸福、一种快乐。据不完全统计，在那一年时间里，这个班级学生作品发表市级21篇次，省级18篇次，各级获奖9篇。毕业时，语文成绩全乡第一。学生乐了，我乐了，家长更乐了！

我认为，当时我鼓励学生订报刊是基于班级现状寻找的一个管理项目，围绕项目，开展了系列的如作文投稿、发表共读、稿费利用等。

现在，很多班主任认为，管理好自己班级纪律、卫生就是做好了班级的全部工作。其实，那只是班主任工作的最基本要求，班主任要做出成绩必须强化项目，打造自己的特色，那样的班级才富有生机与活力。班主任可以借自己的特长，如体育、琴棋书画、科技探险等，也可以以学科学习为特色，从一个小点一个小地方入手，做大做强，自然就形成了特色、品牌。

三、沟通——以情动心，凝心聚力

班主任是一天中与学生相处时间最长的人。学生一天中的行为和情绪，班主任最清楚。班主任是沟通学校、学科教师、学生、家长的桥梁。人们常说："一个班主任责任心有多强，班级面貌就有多新。"我觉得非常有道理。

记得有一年，我与一个刚毕业的女班主任搭班。当时这个班级成绩差、班风差，经常接到报告说班级内有学生打架，但打架的人主要也就集中在那么一两个。其中有一个叫徐俊的同学，常常欺负同班同学，一天之内打人无数次。同学戏说："他一天不打人，手都难过。"这样的一个班级，班主任很无奈。后来我了解了情况，找徐俊谈话，那时，我是他的语文老师，也是学校的副校长，最初几次找他，他都爱理不理的，问他，他也不发话。但是我发现，他心地还是很善良的，也爱劳动，平时心情好的时候，问他话，他还是很乐意答的。于是，一个中午休息时间，我找到他问："徐俊，你帮我打扫一下办公室好吗？"他侧着头，斜着眼，迟疑了片刻说："好！"我请他来到办公室，我一边改作业，一边让他扫地，一边问他："这个星期你父母亲在家吗？""没在家！""那你回家，住哪里？""自己家！""吃呢？""自己做！"在这样一问一答中，我了解到，他平时都是一个人在家（那时他读六年级，已15岁，个子也有老师高），妈妈三四个星期才回家一次，主要是拿钱给他。我还了解到，他从小贪玩，脚曾经因伸进打稻机受伤而动过手术，花了医药费近10万元，现在的脚还是有点瘸。同学经常取笑他，他就打人，时间一长，在自卑心理作用下打人成了他发泄的习惯。加上同学、老师向家长告状，家长的处理方法不是打就是骂，孩子便开始出现了逆反心理。

后来，我多次与徐俊交流，他谈了很多，我们有了很好的关系，在语文课上表现很好。平时作文只写四五十个字的他，一次作文竟写了五百多字，我在全班表扬了他。再后来，在一次给母亲写信的活动中，他写了六百多字，字字真情，我让他寄给母亲，收到信的妈妈感动万分，这封信成了母子心灵沟通的纽带与桥梁，接着，我又把他的信寄给报社，结果《衢州日报》刊登了，他高兴，发自内心地高兴。一段时间后，我发觉他变了，变得自信了，变得善解人意了，变成了所有老师、学生谈论的焦点人物——不再随便打人了。

一个班级，学生几十人，班主任老师只有找到他的软肋，及时沟通，才能收到良好的效果。作战时，人们常说，攻城先攻心。班级管理，转变学生，亦是如此——从攻心开始，动之以情，晓之以理。

日本儿童教育学家木村久先生曾在《早期教育与天才》中写道："推动摇篮的手就是推动世界的手。"推动班级管理优化的手就是推动学校发展的手。推动力的大小，取决于推动的支点与坚持的程度。

（本文发表于《衢州教育》2011年第2期）

推师生共读，促班级有序管理

那一年，刚接手一个班级。我们发现，学生们早晨到校后不是拿起课本放声朗读，而是萎靡不振地呆坐着；课间，学生们不是整理、准备学习用品，而是丢下满桌的书本，追跑打闹；午间，学生们不是静静地看书，而是三五成群地闲聊、搞笑……整个教室热闹得如同菜市场。见此情此景，让身为班主任的我们深感痛心。那么，如何来改变这种现状呢？为此，我们对本班的56名学生的读书情况进行了初步的调查。结果发现，全班学生中一点都不喜欢读书的孩子有17人，占30%；偶尔会看一看书的孩子有26人，占46%；真正喜欢看书的孩子只有13人，占23%。由此可见，喜欢看书的孩子才占整个班级的五分之一多一点。这实在是一个很不乐观的数据呀！

在经过反复思忖并多次实践后，我们发现利用好晨读时间、午间休息以及每周的班队活动时间，开展师生共读活动，对改变教室闹哄哄的现象不失为一条良策。我们的做法是：

一、抓好早读，呈现琅琅书声

俗话说："一年之计在于春，一日之计在于晨。"早读是学生学习生活中的黄金时间，"书读百遍，其义自见""熟读唐诗三百首，不会作诗也能吟"。早读能够培养学生的语感、口语表达能力以及好的读书习惯，在一天的时间当中，早晨是记忆能力最强的时候，多多读背，有助于更好地锻炼记忆力。早读，一方面在于巩固，另一方面在于记忆，而且还能提高个人的精气神。古往今来，学校都重视早读，早读是进行素质教育的重要环节。作为语文老师的班主任，没有理由不去摸索。

1. 带读——强化学生注意力

选两名朗读能力较强的同学，在老师到教室之前，按周轮流组织全班同学齐读已学课文，各个大组长协助配合。即使有个别学生想偷懒，听到整齐、洪亮的齐读声，也会受到感染，情不自禁地加入队伍中去。这种带读不但强化学生注意力，还能对已学课文知识进行巩固。

2. 轮读——纠正朗读错误

在不断实践中，我们觉得"轮读"也是落实读的训练的一种好形式。练习朗读，如果总是用"齐读"这一种形式，长时期"吃大锅饭"，势必会出现一些"南郭先生"，那一部分不读书的人就会跟着大家一样，嘴一张一合，装模作样。通过小组轮读、男女生轮读、一个个学生单独过关读，哪些字音读得不准，哪些句子由于不理解而破读，都将在轮读中显露无遗。

3. 对诵——提高阅读技巧

学生对刚学过的古诗词、儿童诗的兴趣非常浓厚，教师可参与进去，与学生进行诗的对诵，同桌同学间的对诵，更能激发学生读书的热情。由于学生都有爱表现的欲望，这样的晨读能没效果吗？

4. 赛背——增进朗读趣味

背诵能加强记忆、积累知识。大文学家苏轼曾说过："旧书不厌百回读，熟读深思子自知。"为了让学生主动背诵语文教材中优美的文章、精彩的片段，我们采用比赛背诵的方式。每次背诵只要能进前10名，一律加1分，一段时间后，公布总分，并为前10名的同学发喜报。最令人高兴的是，班里的两个最讨厌背书的学生，一改常态，也积极地投身其中。一名学生还因获得喜报，当场欢呼起来。

二、用好午间，回归静心自读

1. 美文共赏——陶冶性情

每个午间，花5分钟左右时间，将配有舒缓音乐、柔美画面的文章呈现在学生面前，吸引学生的注意力，令学生明白：阅读是一个审美过程，而美与心浮气躁背道而驰。心不静，气自浮。气浮则囫囵吞枣，"吞枣"又怎知"枣味"。就如一个匆匆"过客"怎能领略和欣赏"小桥流水人家""古道西风瘦马"所蕴含的美景和情愫？只有你心静如水地去阅读、去欣赏，你才会体味到一本书、一幅画所蕴含的情、理和美。

2. 静心自读——走进文本

有了先前的铺垫，再让每一位学生拿出自己准备好的书籍，自个儿静静地阅读。一切似乎都那么有序，无须教师多言。教师只要准备一些书，以备不时之需。等一切就绪之后，教师可对几个阅读能力较弱的学生进行阅读指导。我想，陶渊明的："结庐在人境，而无车马喧。问君何能尔？心远地自偏。"就是这种阅读的情境与心境吧。

3. 师生共读——培养习惯

午间是师生最放松的时间。我们常常在这时走进班内,与学生谈生活、话学习、说读书。当大部分学生到班内,我们就与学生一同读起书来。教师投入,学生投入,教室安静。几周下来,学生就养成了午后一到校,完成作业后,就捧起书津津有味地读起来的习惯。还时常与我们或与同学分享书中的故事。这不但让学生养成了读书的习惯,而且也开阔了教师的眼界,丰富了教师的组织经验,使教师真正爱上了午间阅读。"午间阅读"是爱书之源,是师生共读,交流思想的小天地。

三、开好班会,分享书香乐趣

1. 分享读书习惯

要想真正维持好班级纪律,只有让所有学生都能养成静心读书的习惯,又考虑到本班学生中有三分之一的人不爱看书,故在开学后的第二周班会课上,请那些一直都喜欢看书的学生与全班同学分享读书习惯。

师:我们班的小沁茹可称"小书迷",每当休息的时候,我们总能看到她静静地坐在座位上读书。从她那专注的眼神中,我们懂得了:读书是消磨时间的最好办法。现在,我们有请小沁茹同学为我们做经验介绍。

生:(手里拿着一本《青铜葵花》)……一本书在手,我们会一读封面,二读内折,三读目录,四读故事,五读插图,六读后记……

师:老师可以再问你一个问题吗?(指着她手中的书)这本书你看了几遍?为什么要读这么多遍?

生:我已读过三遍,因为每次读都会有不同的收获,当然以后我还会再读《青铜葵花》。

......

师：我还发现我们班的龚小宇同学总是在书的空白处写上密密麻麻的小字，写的是什么呢？我们欢迎他来讲讲。

生：（讲毛泽东读书的故事）

师：快说说你是怎么做的。

生：我会在书中重要的词句下画上圈、点、线。读到精妙处，反复诵读，并且提笔在页面的空白处写上自己的心得体会。

除此之外，其他上场的学生也热情地道出自己的读书好习惯：优美的文章应该大声地朗读；准备一本摘抄簿，读书时随时摘录喜欢的词语、句子；写读书笔记；为故事配画插图，等等。

2. 自制书签活动

书签，顾名思义是用来给你看过的书做记号的。喜欢读书的人一定热爱生活、热爱美，如果在你心爱的书本里夹上一枚小书签，那赏心悦目的美一定能给你带来别样的享受。首先，学生自备卡纸、彩笔、小剪刀等用品；其次，从书签的样式上给以指导（金鱼形、灯笼形、长条形等）；最后在卡纸上写上读书名言或古诗句，并配上图画。

3. 编写读书小报

为了更好地促进课外阅读活动的开展，我们确定了每月每人出一份读书手抄报，定期在班队课中交流。首先，我们给学生讲解了手抄报编写的要求、版面的设计、内容的选取、插图的搭配等；其次，主要引导学生积极开展课外阅读活动，通过共读、共写，创设浓郁的阅读氛围，丰富学生的人文素养；最后，组织好多种形式的评比、展评活动，不断提高学生制作手抄报的兴趣，增强学生语文学习的综合素质。

一时间，学生在校积极投入阅读，回家精心编写读书小报。慢慢地，我们发现，学生在校爱玩的少了，在家听话的多了。同时，我们根据年龄的不同，提出不同的要求。中年级读书报设计应以课外阅读为依托，在形式上引导摘抄好词好句，缩写精彩故事片段，进行简短的作者介绍等。版面设计上我们给予较为详细的指导，力图清晰、有序即可。到了高年级，学生不论是课外阅读赏析，还是版面的谋篇布局，抑或修饰美化的能力都有了很大的提升，所以在内容选择上我们要求他们可以更加多样化和个性化，版面设计也可以自主参照杂志、刊物等。让读书报真正成为他们挥洒才情、秀出灵性的舞台。"我读书，我快乐，我编写"成为我们班编写读书报的口号。

4. 评选读书达人

为了让学生体验到读书的快乐，也为了激励学生向身边的榜样学习，我们先让学生自己从读书的习惯、所读书的总数、摘录并背诵的情况，以及所做的读书笔记绘制成一张读书成果表，之后，展示。一学期结束，教师向优秀阅读者颁发习惯章、读书章、创意章。

阅读是一种求知行为，也是一种享受。学生所读书刊的内容范围越广越好。美国读书协会前主席鲁斯•格雷沃斯曾说过："现在，在一些家庭中有一种怪现象：父母喜欢看书，却往往等到孩子上床入睡之后才坐下来看。结果，孩子竟一直不知道自己的爸爸妈妈也喜欢看书。真可惜！"其实，现在许多教师也是如此。在学校，教师应尽可能地利用时间，引导学生阅读，与学生一起阅读，与学生一起交流读书的方法和心得，鼓励学生把书中的故事情节或具体内容复述出来。如果经常这样做，学生的兴趣就会转移，转向阅读，转向学习，教室内无序的打闹现象也会自然消失。

班级，就这样悄悄改变……

（本文发表于《素质教育论坛》杂志2016年第1期）

在班级活动中培养学生良好个性心理素质

《基础教育课程改革纲要（试行）》将"具有良好的心理素质"列入新课程培养目标。作为一个个鲜活的并具有个体差异的人，我认为还应在前边加上"个性"两字。"一切为了每个学生的发展"的观点确立，就是对长期以来忽视甚至扼杀学生个性的知识本位、学科本位论教学的革命。重视学生情感、态度、价值观的正确导向是这次课程改革的重要特征，它为培养学生良好的个性心理素质提供了前所未有的契机。我们要抓住这个契机，把这个教育理念渗透在教育教学的方方面面。

"个性"是指一个人在其生活、实践活动中经常表现出来的、比较稳定的、带有一定倾向性的个体心理特征的总和，指一个人区别于其他人的独特的精神面貌和心理特征。个性对于一个人的活动、生活具有直接的影响，对于一个人的命运、前途有直接的作用。它的内涵非常丰富，是人们的心理倾向、心理过程、心理特征以及心理状态等综合的心理结构。

"个性心理素质"这是个人的意识倾向与各种稳定而独特的心理特征的总和。心理学告诉我们，学生的个性心理素质结构通常有三个方面：

结构心理系统，包括气质、性格、意志、智力情感；

动力系统，包括需要、动机、兴趣、信念；

调节系统，包括自我认识、自我评价、自我控制等。

三个系统的和谐、统一构成个性的全面性，个性的全面、完整标志着个性的成熟。成熟的个性，表现为坚毅、有理想。这样的人有很强的自我控制力，不会总受自己的弱点支配，也不会轻易受外界的人或事所左右，这样的人具有很强的自信心。这种人，无论学业事业，取得成功的希望都是很大的。换句话说，良好的个性心理对一个人世界观、人生观的形成，对学习、交际乃至生存都起着至关重要的作用。所以我们应该注意营造一个良好的个性心理环境，对学生的个性发展作细心指导。这里就我的教育教学实践谈谈自己的做法。

一、创设班级氛围，激发愉悦心理

良好的班级氛围，能消除学生思想负担和精神压力，保持积极进取的心理状态，提高学生学习兴趣和效率，使教学产生优势反应。我们现在提倡减负，一方面要减轻学生的课业负担，另一方面要减轻学生的思想负担、心理负担。后一种减负比前一种减负更重要，因为前一种是显性的，后一种是隐性的。后一种不仅影响到学习，而且影响到身心发育，影响到其他教育的成果。因此，我平时也总是设计一些游戏让学生自由地选择、自由地玩，鼓励所有的学生都参与到班级的自由活动中来。一松一弛之后，学生再走进课堂，心情就不一样了，能够精神饱满地进入学习状态。在这样的氛围中，学生才不会压抑，才有可能畅所欲言。在这样的环境中，才有可能最大限度地调动每一个学生的积极性，并且使之形成一种整体效应，逐步影响并且改变个别比较内向、比较沉默、比较封闭的学生的性格。长期处在这样的环境中，就会激发学生形成一种健康愉悦的心理、一种积极的交往心态。

二、鼓励参与锻炼，调动心理潜能

随着学生年龄的增长，他们的心理、思维、观念、追求在变化，并逐渐开始思考人生的自我价值，对于各类活动，他们总是跃跃欲试。所以在班级活动中，我给每个学生以平等的机会和权利。在各项活动中，尽量不冷落每一个人，凡大型活动必须做到各司其职，绝无局外之人，克服只知享受，"人人为我"，不愿意做出"我为人人"的行为。当学生认识到集体的真实存在和对自己的吸引力之后，我尽量让学生成为一切集体活动的主人，充分发挥他们的独立性、主动性和创造性。

如去年开家长会时，我大胆尝试，鼓励学生当主持人。一开始，被选上当主持人和进行特长展示的学生都有心理压力，怕在家长会上表现不好丢脸，都不肯参与，因为毕竟才上四年级，加上以前从没有参与过类似的活动，看到他们胆怯的样子，我也有点退缩了。正在这个时候，我发现一个平时很腼腆、上课发言都脸红的女孩子——陈靓。她和同桌在悄悄地说着什么，手还不停地比画着。我猜透了她的心思——想尝试，又怕临场发挥不好，会给家长留下不好的印象，也可能遭到同学嘲笑。于是我把她叫到办公室，鼓励她大胆地去锻炼自己，越是失败，越要抓住一切可能的机会去锻炼自我，完善自我，从而找到真正的自我。在我的鼓励下，她鼓足了勇气，还带动了其他两位同学，成功地组织了家长会。以后她开始变得积极起来，自荐当上一名"心灵之声"小广播员，并获得了校级优秀小播音员的称号。在今年的学校多次活动中，她不但主动要求主持，还和同学先设计好了思路，并带领同学编排。

还有一名女孩子，歌唱得很棒，但胆子很小。在去年的家长会上，无论同学们怎么劝，她就是不肯参加表演。我说："你的歌唱得那么好，应该让更多的人来分享，不可能学了就唱给自己听吧？如果在同学的爸爸妈妈面前就胆怯了，以后怎么登台表演啊？"于是，她勉强答应表演了。但到了表演的时候，她仅唱了两句就捂着嘴跑出了教室，嘴里还一个劲地叫着："吓死我了，吓死我了……"我鼓励她，叫她别怕，待会儿再上去试试，但她说什么也不肯了。这个时候她爸爸也出来说："你在家里常常嘴边哼着歌，今天是怎么回事啊，真是没用！"我没有指责，更没有放弃，悄悄走到她身边再次鼓励道："你可能是太紧张了，就忘词了，别怕！现在先让别人表演，你等会儿再唱好了。再忘了也没关系，就当锻炼自己的胆量好了。"可是她再次上去唱的时候只是多唱了两三句，仍旧跑了下来，一只手拍着自己的心口说着同样的话。为了缓解她的心情，挽回她的面子，不让她丧失信心，我把《致家长的一封信》拿来，让她分发给各位家长。在分发的过程中，我看得出，她脸还是红红的，但心里已经把没唱好歌这件事放下了。

从那以后，我每次活动都有意地锻炼她的胆量。无论做得成功或失败我都会给她鼓励、给她自信、给她足够的力量，去战胜生活中的一切困难，也就是这种自信，使她充分挖掘了自己的表演才能。在今年的家长会上，她那优美的歌声以及娴熟的舞蹈表演得到了家长们阵阵掌声。今天的她，让家长和同学刮目相看。

三、引导棋类活动，促进素质养成

专家指出，一些中小学生成绩不好的原因，根子并非智力因素，而是情绪因素，即普遍存在着厌学心理。独生子女处于身心发育的关键时期，多数好动、注意力不能持久、缺乏自控、受不得一点挫折、性格脆弱等，这些不良心理素质已成为影响他们健康成长、全面发展的严重障碍。

棋类作为一项智力竞技"游戏"，与哲学、天文、数学、军事、教育、艺术等学科存在有机联系。它能培养和开发学生的健康情感，培养良好的心理素质，对学生各方面的均衡发展能起到重要的作用。棋类具有协同性、随意性。我们班的教室里有跳棋、象棋、围棋。下课了，学生们不用老师号召，两个一伙，四个一帮，看的看玩的玩，积极参与，参与率很高，课间的纪律也好了。学生在游戏过程中必须全身心投入，认真思考，学生由被动接受变为主动参与。同时，这也为学生提供了一个智力表现的舞台，激发了他们的学习兴趣，还培养了学生的自我认识、自我控制、自我调节能力、感受和创造思维能力、抗挫能力以及竞争意识等，对其心理素质的培养提高十分有益。全方位地培养学生良好的个性心理素质，帮助学生克服了任性、怯懦、消极、冲动、独断等不良品性。

四、激发性的鼓励，强化心理素质

激发性的鼓励是指教师通过各种渠道激发学生个体获取成功的热情，保持持续旺盛的情绪。激发性的鼓励功能，主要是调动思维活动，从而激起积极的"人生难得几回搏"的人生观。其方法主要有：

1. 正面教育法

学生个体欲求成功，一定要有良好的思想基础，才会形成动力因素。正面鼓励的主要作用，就是为学生建立良好的思想基础，开展正面教育法，要适合学生的心理需要，寓教育于活动之中，或让事实来说话，切忌说教，重在鼓励。

2. 设置答疑法

保持情绪的高涨，首先要激起思维的活跃。思维发源于问题。任何带有矛盾性的问题，都是引起积极思维的材料。这种矛盾性的问题，通常表现为三种形态：问题本身具有的矛盾、师生认识上的矛盾、学生个性之间的认识上的矛盾。

我平时善于设计带有矛盾性的问题，让学生个体来解答，在双边活动中澄清思想上的模糊认识。如我设置了如何做人的系列问题，"好与坏""诚实与虚伪""勤俭与必需"等让学生们自由辩论。学生和学生之间没有沟壑、没有拘束、没有戒备，在这样的环境中，他们的想法观点将会暴露无遗。因此，他们在思维的"跑道"上通过这种群议群论矛盾性的问题，就像啦啦队一样，起着不断激励的作用，也是学生个体不断调节自我，绕过误区以求达到提高认识，升华自我的目的。

3. 活动竞赛法

学生个体应有展示自己才华的一片天地。我适时地设置一些娱乐性的竞赛活动，为学生提供了这样的一片天地。虽然是竞赛活动，但开展活动要有宽松、愉快的思维环境，没有压抑感受，便于学生放下包袱，全身心地投入，人人都能表现。但还要注意既然是竞赛，就要使思维处于高度紧张的状态，使学生产生"急中生智"的收益，萌生一种强烈的竞争意识。竞争的结果既有胜利者的喜悦，也有失败者的懊丧，但这不是竞争的全部意义所在，重要的是竞争的过程参与者有机会进行心理的体验。

五、开展读书活动，激发心理潜质

新昌小学自2005年开始建设儒家文化校园，我积极倡导学生泛读精读儒家经典。同时，受希望工程的捐赠，每年有大量"希望书库"的书送到学校。我利用这一条件，积极开展读好书的活动。因为书读得多了，丰富了知识，人就会变得有素养。而好的书籍处处闪耀着人性的光辉，可以照亮许多幼稚的心灵，可以对学生产生潜移默化的影响，可以激发学生内心潜在的美好品质，净化学生的心灵，形成健康个性，促使学生形成美好的心理品质。同时还要求学生写读书笔记，进行优秀读书笔记评比，使文化最终积淀为人格。

六、实现对话活动，优化积极心境

心境，是人在一个相当的时期之内持续存在的某种情绪状态，它持续而微弱，稳定而弥散，它似乎在人的心理上形成了一种淡薄而四处弥漫的背景，使整个人都处在这种情绪状态中，语言和行为都带有它的色彩和痕迹。心境影响着人的行为和活动，也影响着学习，心境有积极和消极之分。积极的心境使人振奋快乐、朝气蓬勃，有助于克服困难、提高效率，也有助于发挥主观能动性和激发创造性思维。而消极的心境使人郁闷，或担心、紧张、悲观、厌烦，它使人的思维活力受到压抑，使学习兴趣不稳定甚至消失。因此，我们要善于发现学生的积极心境或消极心境，有针对性地开展工作，优化学生的心境，保持良好的个性心理。

心境，虽是一种比较微弱的情感体验，但它具有持续性和弥散性，因此总会自觉或不自觉地流露出来。我们可以从学生的表情、行为、评议及处事态度等方面观察，也可以从日记、作文、作业等方面搜寻，把握它所流露的痕迹，从而有的放矢地进行优化教育。强调吸引学生的注意，鼓舞学生的积极情绪，克服消极情绪。影响学生心理的因素很多，但主要是受同学和爸爸妈妈的影响，因此，我经常开展形式多样的生生对话、师生对话活动。可以面对面、心平气和地谈，可以通过写信交流，还可以托其他人代传话语。经过一段时间，我们发现同学之间的矛盾少了，师生之间的距离拉近了，学生和家长之间的感情更融洽了。因为这样的活动增进了彼此之间的理解和宽容。不但优化了学生的心境，还优化了教师和家长的心境，使生生之间能够相互宽容；学生更加尊重老师，老师更加爱学生。这样的对话，学生学会了自我调节心境，使之保持积极心境，克服消极心境，乐观昂扬地学习和工作。这样，师生都处于最佳的心境状态，当然能取得圆满的教育教学效果。

总之，在班级活动中实施个性心理素质教育的途径是多样的，我们要从思想上加以重视，从方法上加以注意，在实践中加以落实，充分运用集会、班队会，抓住一切机会，因势利导，经常地、及时地对学生进行心理引导与疏通，这样就一定能使学生的心理素质有一个整体的提高，使学生有一个良好的个性心理。

第三辑

教学：运筹帷幄躬于行

抓实常规管理"三字经"：导、督、恒

学校管理的主体是常规管理。抓好学校常规管理是搞好教学的基础、提升质量的手段。如何抓实学校常规工作，我认为可以从"导、督、恒"三字下功夫。

一、导

导就是引导、教导、指导。常规工作涉及方方面面。学校必须制定切实可行的一系列规章制度，引导、教导、指导教师按照学校制定的规章制度开展工作。

1. 制度是共识的

学校千差万别，人也各异。制定规章制度须因校因人而异，但最后形成的制度必须是同一学校教职员工达成共识的。学校可以根据规模大小采用不同的方法。我们招贤小学有中心小学1所，每年级3个班，共18个班级；完小1所，每年级1个班，共6个班级。我们以完小、中心教研组为单

位，在上级相关常规管理制度的基础上结合学校实际拟出方案，开展讨论，最后达成共识，通过教代会形成学校规章制度。如《招贤小学教学常规管理办法》《招贤小学教师考勤办法》《招贤小学师徒结对考核办法》《招贤小学教师办公制度》等。

2. 制度要一脉相承

学校教师会经常调动，特别是新进的教师，对新学校的一些规章制度并不了解，作为学校，要定期为新教师进行培训。我们的做法是开学前一周，学校将制度汇编发给新进的教师们每人一册，要求先自学，开学第一周由教导处、总务处、少先队大队部等部门相继对他们进行教学常规、财务管理、班级管理等专题培训。使每一位新进教师对学校的每一项制度做到心中清楚明白。

3. 制度要时常提醒

对于学校的各项制度，要在不同时间、不同场合、不同需要时经常回顾提醒。比如开学就要在开学典礼上强调学校安全制度，在学期结束的全体教师会上就要强调假期的一些禁令，在教师办公室张贴教师办公制度，在班级设置德育角。就个别教师对学校规章制度执行不到位的，由分管中层干部及时提醒。分管中层干部提醒后仍不能遵守的由校级领导找其谈话并对其进行单独培训，直到严格遵守为止。

二、督

督就是监督、督查、督促。学校的常规工作重在落实。落实情况如何，只有依靠督查，才能得到准确反馈。

1. 督查内容要全面

对于学校工作，我认为督查内容要全面，不仅包括教学常规、在岗纪律，还包括校园环境、后勤管理、素质教育、校园安全、食堂管理，等等。比如教学常规督查中的备课、上课、批改、辅导，学校对每一项工作提出明确要求后，就要对每一位教师对这几项工作落实情况进行督查，每一次督查要同时间、同要求，及时反馈结果，提出整改意见。学校设立校长信箱，在督查过程中，接受全校师生监督。

2. 督查形式要灵活

督查可以分为全面督查与个别抽查形式。常规工作通用于全面督查，这是全校性的普查，但对于个别教师或场所存在一些问题或有待持续关注的工作，学校要采取个别抽查。比如，个别教师作业批改不认真或上课自由散漫现象，学校可持续抽查几周，提出整改意见。对日常教学与管理衔接不到位的现象，我们还可以采取蹲点调查形式，不提前通知，不说明蹲点时长，选取一个班级，从早晨学生到校到放学，一天到晚跟踪此班，从中发现课上与课余、主课与选修课、作业与辅导、就餐秩序与卫生打扫等常规教学或管理情况。

3. 督查要注意人文

我们肯定大部分教师对待工作是自觉、认真的，所以督查时要充分尊重、理解教师的劳动。特别是个别抽查，要对教师说明持续关注的原因，反馈督查结果，既提常规管理中的优点，也提督查中发现的不足，不要让教师产生学校对其不信任的感觉，从而违背了学校抽查的初衷。

三、恒

恒就是恒心、恒行、永恒。常言道："冰冻三尺，非一日之寒。"规范常规管理工作需要坚持不懈，持之以恒。

1. 领导要带头坚持

学校的各项工作如果校长带好头，带头进课堂抓质量，带头上公开课抓教研，带头落实各项规章制度，教师工作就会更自觉，精力投入也会更集中。日常我坚持"三圈四半"：三圈：每天在早上7:20，中午11:40，下午4:00这三个时间段在校园内转圈，这三圈我能清楚了解教师每天到校情况与工作状态、学生学习情况与就餐秩序、学校环境打扫与管理漏洞。四半：我每天提前半小时到校，推迟半小时离校，抽出半小时与教师或学生交流，挤出半小时读书看报或整理工作思路。

2. 常规要求要始终如一

学校对于常规要求不能虎头蛇尾，前紧后松，不能开学前两周抓实，期中过后就松了。也不能对新进的教师要求严格，对老教师放任自流。常规管理要有实效，必须要抓实，抓到位。比如课题研究，不落在平时，而在要结题时匆匆撰写上交，这样是没有质量，也是没有意义的。我们抓常规管理，重视每一个过程，每一个环节，每一个参与人员，善始善终，有始有终。

3. 督查反馈要经常

学校的常规管理重在改进，这需要每次督查后及时反馈。我们学校每周由校长、书记、副校长、视导员四人不定时督查教师在岗情况；视导员、工会主席督查教师办公制度落实情况；副校长、教导主任、教研组长督查教学常规落实情况；安全员督查班主任安全教育及记载落实情况等。每次督查有记录，有反馈，有整改跟踪。学生常规管理由值周教师每日一公布，每周一小结，每月一评比。学校借助校讯通、教师QQ群、工作月报、校报等载体经常反馈、总结学校常规工作得失。

学校管理是一项复杂而又烦琐的工作，没有固定的方法、模式可照搬引用，只要我们积极探索，开拓进取，就一定能开创学校常规管理精细化的崭新局面，就一定能够全面提高教学质量，提高办学效益。

（本文发表于《课程教育研究》杂志2013年第35期）

让备课由"预设"走向"生成"

要说语文课堂教学中的"预设"与"生成",这是一个很具体生动的、要有丰富的教学经验和教学智慧的人才能讲透的话题。因为"生成"的课堂具有强烈的现场性、完全的过程性、难以预测的不确定性。也许大家看过《语文教学通讯》2005年第2期中有一篇题叫《我不写教案!》的文章,看了这个题目,大家可能会为之欢呼。因为今天也有人为我们打破这神圣的写教案的教条了。看罢文章,其实并不那么轻松。文中写出了"我不写教案"的若干理由,回答了"不写教案,怎么上课"的疑惑,值得一读,但大家千万不要以为不写教案就等于不用备课了,文中作者反而写了要精心备课。那么在新课标下,我们的教师应该怎么精心备课呢?怎样让备课从"预设"走向"生成"呢?

一、多备学生"可能"

在备课标、备教材、备学生的三大备课要素中,课程标准和教材一经确立就相对稳定,而学生则是动态的、有差异的,教师在备课时要洞悉学生心理和时代精神,构建符合学生智力发展的情境。无论是教学环节的预设,课堂组织方式的确立,都要以充分发挥学生的主观能动性为前提。备学生的"可能",尽可能多地把学生考虑在内,学生应成为课堂学习活动的主体,也应是我们备课的出发点和归属点。

备学生的"可能",大到课堂教学方式方法的选择,小到每个字词的理解、学生可能的回答、教师如何应对等。

二、设计力行"简约"

过去，教师们花在教学设计、编写教案上的工夫实在太多。从教材分析到教学重点、教学目标；从学法提示、训练题型到课堂板书、教学评价、教学反思等——在案，知识的东西过细过多；有的还盲从于别人的现成教案。随着新课标实施，教育观念的变更，教学方法每天都在发展、变化，而个性化、创造性的课堂教学也绝不能用同一种模式来套。教学设计的关键在于考虑学生的学习和需要，确定"以学定教""顺学而导"的原则，教师要把工夫花在钻研教材上，花在推测学生的"可能"上。对本课重点，如何引导学生理解，可设计多种策略，做到重点之处细细描绘，其余部分一笔带过。

例如，浙江省特级教师俞国娣在教《蒲公英的种子》这篇课文前是这样预设的。

预设教学目标：1.有感情地朗读、背诵儿歌，会编儿歌。初步了解关于蒲公英的常识，感受大自然的奥妙；2.会认读"蒲公英""种子""微风""毛茸茸""飞"这五个词语；3.学会"公""种""到""朵"这四个生字。

预设教学过程：1.看图导入新课学习。2.整体感知。（1）听童声范读；明白大致内容。提问：我是谁啊？我是怎么样的？（课件出示）①你记住什么了？明白大致内容。②顺势学习小诗第一句话（"我是蒲公英的种子，有一朵毛茸茸的小花"。）（2）指导朗读第2和第3句话。怎样的"风"叫"微风"？"轻轻一吹"，你吹吹看，是什么样的？（3）自由读，全文朗读，试着背诵。3.字词认读，巩固：生字书写指导。4.拓展训练：蒲公英的种子飞起来了，请你想一想，它会飞到哪儿？（自由想象)5.质疑。

整个教学设计过程书写呈现仅300字左右，如此简洁，但丝毫没有影响她那预设的课堂，反而使她的课堂更自如、更灵活。因为她抓住了课堂即时生成的支点，以学定教，恰到好处，所以课堂时时洋溢着智慧的痕迹与精彩的生成。

三、留给灵动"空间"

一节课的教学时间是有限的，而40分钟之内教师和学生的活动总量如何，应在我们的考虑之列。所以在编写教案时，应更多地考虑课堂实际，留有师生灵活操作和活动的空间。强调从思路上整体把握，应重视学生的思维过程和语言表达，克服程式化的设计，留给学生更多的实践空间。

例如，有个教师在备《寻隐者不遇》时，就充分考虑学生实际，舍得花时间让学生展示自己的思维过程。他首先想让学生猜猜题目的意思，然后读诗句猜诗意。结果在课堂中就生成了许多没有预想到的东西。如有的学生说诗题的意思是"玩捉迷藏的游戏"；"松下问童子，言师采药去""松下"是一位老人的名字，也有的说"松下"是松树底下。"言师""言"通"严"，是严肃的师傅，等等。这位教师没有采用传统的方法，读诗题、诗句，解重点字词，得诗意，而是先留出一些时间让学生猜测，然后在猜测的基础上探虚实。学生兴致盎然，思维与语言得到了激化，潜意识的雏形自然得到了挖掘与展示。

四、关注资源"取舍"

新的课程突出用教材教，教师不再是教科书的忠实执行者，而是课程资源的开发者、创造者。课程资源不再是静态的文本，课本不是语文教学中固定的、不容变更的唯一的课程资源。语文教学资源包括静态的语文教学资源（如教材、相关文本资料、各种教学设备等）和动态的语文教学资源（如教师教学时的灵感、教学机智、学生的学习感受等）。对静态的语文教学资源，教师应根据学生的实际情况进行取舍增删，作适当的"裁剪"，对教材进行"二度加工"，从学生已有的知识、生活经验、兴趣、爱好出发去拓宽加深语文学习资源的内涵与外延，对动态的语文教学资源，如教学中的偶然事件乃至失误、灵机一动等，都会为课堂教学带来新的可能。

例如，浙江省特级教师虞大明在设计《庐山云雾》第五自然段教学时，充分关注学生、教学设备等资源的变化，审时度势地进行取舍改造。

设计一（1995年）

1.自由读并思考：这一自然段写了庐山云海的什么特点？2.再读课文，根据"画找句子—圈点重点词—反复朗读感悟"的学习步骤，自学思考：庐山云海的壮观体现在哪里？3.学生读课文，自学思考—小组汇报交流—全班交流。4.全班齐读全段。5.尝试背诵全段。

设计二（1998年）

1.自由读课文，思考：这一段主要向我们介绍庐山云雾的什么特点？2.师：同学们喜欢读这段课文吗？教师也很喜欢读，接下来，老师先为大家读读这段课文，好吗？3.师读课文。4.师：刚才，老师读了这段课文，同学们觉得老师读得怎么样？5.师故作惊奇：刚才老师读得正确吗？流利吗？那为什么还有那么多同学认为老师读得不好？同学们能抓住具体的句子，说说老师的朗读不好在哪里，该怎么读吗？6.生研究句子，组织理由，练习朗读，为指出老师朗读中的不足之处作准备。7.汇报交流。8.师根据学生的提议重新朗读该段；生配乐齐读该段。

设计三（2001年）

1.创设问题情境：刚才，我们学了第三自然段，体会了庐山云雾"瞬息万变"的特点，同学们觉得庐山云雾美吗？老师也觉得庐山云雾的确很美。老师突然有了一个想法，不知道同学们感不感兴趣，我们试着以第五自然段内容为依据给庐山云雾制作一个音乐风光解说片，好吗？2.讨论关于"音乐风光解说片"制作的有关知识。3.为学生提供多媒体课件。4.学生以四人小组为单位，组成研究，制作小组，共同商定音乐风光解说片的制作步骤和计划。5.学生根据计划，分工合作，制作片子。6.成果汇报交流，现场展示片子，并进行现场解说，随后进行"音乐、图片选定"的说理；全班同学参与评价。

虞老师在不同的时期，根据不同的学生以及教学条件，逐步改造由"演绎法"到"反诘法"再到"自主、合作、探究法"；由"重视学生语言文字、朗读训练"到"发挥学生的主体作用"再到"努力建设开放而有活力的语文课程"，教师根据这一主线对教材进行取舍增删，从学生已有的知识、生活经验、兴趣、爱好出发去拓宽加深语文学习资源的内涵与外延；对动态的语文教学资源起到推波助澜的作用。

充分的预设是动态生成的前提，动态生成是充分预设的结果。动态生成，是新课程提倡的一个重要理念，注定了新课堂要反对独白而青睐对话；要挑战单一，鼓励多元；突破预设，关注偶然，注重自主生成；要帮助学生自主构建知识，感受时代的气息，生活的脉搏，体验成功的学习乐趣，让课堂成为学生生命发展的难忘经历，让课堂洋溢着生命的光彩——那就从备好课开始吧！

如何发挥学校工会在教学质量提升中的作用

教育教学工作是学校的中心工作，教学质量是学校的生命线。提高教学质量是学校工作的当务之急。教导处是主抓教学的职能部门，学校工会是以学校全体教职员工为主体的群众组织，如何发挥工会在学校教学质量提升中的作用？下面谈几点做法，以供探讨。

一、凝心聚力，促教师潜心教学

在当前环境下，由于教职工的家庭背景、工作阅历、人生追求、思维方式、情感个性等不同，教职工之间或与领导之间难免出现认识上的偏差，从而发生摩擦，产生隔阂。为促进学校人际关系和谐，使教师潜心教学，学校工会应发挥自身的力量，承担起协调校园人际关系的责任。

1. 经常沟通交流

我国古代思想家荀况说过："人力不如牛，走不如马，而牛马为用，何也？曰：人能群，彼不能群也。"可见，"能群"是非常重要的。正确处理好上下左右的人际关系，其中很重要的一点是靠有效的沟通和交流。

记得前几年，学校来了小雷和小占两位年轻人，任教同一年级同一学科，他们都非常好强。一次考试，小雷给小占班内试卷结分，不小心少结了两个优秀学生，结果小雷班级的成绩比小占班级好了一点点，可小占后来在查卷过程中发现了此事，就大发雷霆，说小雷故意少结分，太自私。过了一周，小雷发现小占班内学生正在做一套县教研室印发的试卷，而小雷马上打电话给县教研室，结果告之试卷已被小占领去，小雷就此"大做文章"，说小占报复自己上次把他班级试卷批错，这次试卷故意拖延给他……其实，试卷是小占前天刚领来，这两天刚好小雷在外听课，今天到校还没来得及给，故此，两人生怨。后来，学校工会主席知道了，于是便邀两人与学校领导共进晚餐。在桌子上小雷与小占互不说话，只顾向领导敬酒，这时，工会主席故意挑起让他们互相敬酒，多次劝说，酒过三巡，他们开始打开话匣交流，然后工会主席特意提起试卷之事，领导发话，隔阂挑破，误会消除。

小雷与小占的重归于好，借助第三者和工会的聚餐。当然，大多情况下"解铃还须系铃人"。沟通是一项艺术性很强的工作，要讲究方式方法，灵活巧妙地使用语言、善于聆听、回避争执等。学校工会要善于观察，主动沟通，及时将发现的矛盾、误会消灭在萌芽状态。

2. 组织批评与自我批评

明朝洪自诚说："耳中常闻逆耳之言，心中常有拂心之事，才是进德修行的砥石。若言言悦耳，事事快心，便把此生埋在鸩毒中。"批评与自我批评是我们党的优良传统。当然，不是任何人都能开展批评的。如今，世故圆滑的人好像多了，能开展批评的人少了。有的人表面上一团和气，私下却议论人、诋毁人，损人形象，破坏团结。能面对面地批评你的，可以说，不是你的良师就是你的益友。而畏首畏尾、患得患失，时时为自己打算的人，绝不敢开展批评。批评者必然是一个有一定责任心的人，只有对工作负责、对事业负责、对他人负责的人，才可能去批评人。我们在学校提倡批评与自我批评。每一学期，我们学校工会都会组织教师进行批评与自我批评座谈会，民主测评等。我们通过定期回顾和总结工作中、同事间存在哪些问题和不足，多做自我剖析、自省自查，对于工作提高和改进教职工的关系都是很有帮助的。

3. 多宣传多赞美

得到赞美是人人都期待的，也是人所共有的心理。美国心理学家威廉·詹姆斯教授说过："人性中最本质的愿望，就是希望得到赞赏。"古语有云："良言一句三冬暖，恶语伤人六月寒。""君子成人之美，不成人之恶。"工作当中，领导者对下属多一些表扬和鼓励，同事间交往彼此多一些赞美、少一些侮慢，对营造和睦融洽的人际关系是很有帮助的。大雕塑家罗丹说过："生活中并不缺少美，只是缺少发现美的眼睛。"多用心观察和发现别人的优点与长处，并给予真诚的赞美和鼓励，往往会收到意想不到的效果。学校工会要多发现教职工的优秀事迹、典型做法，进行大力宣传。近几年，学校工会通过挖掘典型，树立榜样，先后涌现了"浙江骄傲2009年度最具影响力人物"朱建成，浙江省春蚕奖、常山县十大身边榜样人物余志春，衢州市师德标兵、常山县十大百姓楷模胡义和，衢州市百优班主任余相林等一大批优秀人物。

当然，涉及人际关系的还有学校每年的教师人事变动，从学校工作大局考虑，有的教师工作安排要作适当调整。在这种情况下，教师心里肯定有想法。怎么办？学校工会事先去交流、沟通与协调，将信息及时反馈给学校，如果不能达成一致意见，再由学校行政领导找其谈心，求同存异，让教师最终理解而服从学校安排。又如，每年推荐评审中高级职称，名额有限，没有推荐到的个别教师总会发点牢骚，说些不好听的话，学校工会主动出击，找其谈心交心，激励他们继续努力工作，来年再评……

实践证明，注重学校各种人际关系的沟通与协调，教职工内部才有可能形成团结、和谐、进取的氛围，群体才具有凝聚力和战斗力，学校才可能蒸蒸日上。反之，学校如果对出现的不和谐因素不闻不问，听之任之，就会造成人心涣散、纠纷丛生、摩擦不断、矛盾四起的局面，大家宝贵的时间、精力都在内耗中丧失，工作效率低下，学校管理目标难以实现，甚至还会危及学校的生存。

二、搭建平台，期教师展翅高飞

我们都知道，没有高素质的教师，就不可能有高质量的教学。因此，提高教师自身素质是提高教学质量的基础。青年教师是一所学校的生力军，青年教师的专业成长将直接影响学校的可持续发展。学校工会要以服务教学工作为导向，把促进青年教师成长成才作为工作重点。

1. 帮助青年教师定位

理想是人们奋斗的目标。人的一生无论从事什么职业，都需要有高远的志向作指引。正如贸易巨子J.C.宾尼说："一个心中有目标的普通职员，会成为创造历史的人；一个心中没有目标的职员，只能是一个平凡的职员。"在我们学校，青年教师一入学校，学校工会就会与其座谈，帮助他们定位，比如给他们提出明确的奋斗目标："一年入门，两年上路，三年成熟，五年成才，十年成器。"为使他们实现自己的规划，又提出配套措施，如"洗脑子——组织理论学习；结对子——抓备课、听课与评课；压担子——把教师推上第一线；搭台子——开展教学评比"等。

2. 帮助教师先过职业道德关

教育家陶行知说过："道德是做人的根本。"本就是为人师表的教师，理所当然应是道德的表率和文明的楷模。加强师德建设是教师队伍建设最为重要的内容。学校工会只有依靠自身优势，在青年教师中开展形式多样的师德教育，才能感化教师，点亮从教的心灯。比如在慰问新教师赠送节日礼物时，举行师德讲座；组织青年教师学习学校老教师、"浙江骄傲"朱建成事迹；下教学点体验偏远教师的生活，聆听当地教师扎根山区、潜心教学的故事等。

3. 让教师在专业成长的自信中腾飞

学校工会曾对青年教师做过"你最需要什么"为题的专项调查。根据调查所得，并按照行为科学、现代管理的原则及本校的实际情况，把这些情况分别归类，排出迫切需要解决、必须解决的、从长计议、不正当要求几类，结果有87%的教师最需要自己的才能得到最大程度的发挥，有34%的教师最需要学校为其解决生活上的诸多困难……心理学告诉我们，教师的需求决定着他们的积极性。而教师的需求层次决定着他们积极性的方向和大小。为了满足教师这些心理需要，为了让教师尽快熟悉教学常规，持续、稳定、健康、快速地发展起来，我们根据老师的特点，建立了一系列培训制度，对他们进行引导和培养。比如，学校工会把深入一线课堂听课、评课，视为了解、亲近、规划发展青年教师的最佳途径。每学年的期初，在一周内听遍每一位新教师的课，同时还对一些青年教师进行跟踪听课、评课。同时，学校工会主动为教师解忧，开设了教工阅览室，为教师科研提供了方便，组织教师去兄弟学校参观取经，拓宽教师视野。比如2009年组织所有班主任赴龙游桥下小学开展了"龙遂常"三地班主任论坛，学校江礼老师在会上做典型发言。2010年赴杭州市和睦小学开展了"杭龙常开"四校班主任论坛，学校谢丽艳、余琅两位老师分别发言。

古人云："玉不琢，不成器。"当人们对一件精美的玉器爱不释手时，也许不会想到原本它是一块不起眼的璞玉，抑或是顽石。璞玉和顽石能变成无价之宝，除了自身具备条件外，更重要的是得益于巧匠的精雕细琢。新教师也一样，要想登上讲台，学校要求他们必须先过三关：一过"熟悉教材关"；二过"课堂教学关"；三过"班级管理关"。

青年教师队伍的建设，任重而道远。实践证明，学校工会作为最具有广泛性的群众组织，在团结和凝聚青年教师，促进沟通和交流，搭建学习与提高的平台等方面有着自己独特的优势和广泛的空间。

三、关心生活，谋教师职业幸福

每个人都希望得到幸福，都会不断地追求幸福。费尔巴哈说："生活和幸福原来就是一个东西。一切的追求，至少一切健全的追求都是对于幸福的追求。"没有幸福感的教师不会有学生的幸福和对教育本真追求的实现。学校工会体贴入微的关心和帮助，会使教职工深切感受到组织的关怀和温暖，进而迸发出高涨的工作热情和积极性。

1. 关心教职工的实际困难

学校教职工家境困难，学校工会从活动经费中拿出一部分，作为困难补助基金，救济贫困或遇到重大疾病的教师。教职工如遇生病住院，工会主动到医院探望。学校有部分如安徽、江西、义乌等外地老师，他们在这里人生地不熟，生活有很多不适应的地方，学校工会多次出面，解决他们生活中的实际问题。学校教职工遇有婚丧产假，学校工会都组织人员前去慰问，把学校的关怀送到每个教职工的心坎上。真挚的关怀为广大教职工解除了后顾之忧，使他们得以全身心地投入教育教学活动中，把学校的事当作自己的事，积极地以主人翁的精神投入学校管理和建设中，为学校发展做出贡献。

2. 开展各种文体活动，丰富教职工的业余生活

学校年轻教师占75%，平均年龄只有30多岁。年轻人精力充沛，充满了活力。为让年轻教师的业余生活既丰富多彩，又高雅脱俗，学校工会组织开展了排球赛、健美操、才艺展示、业务练兵等活动，丰富教职工业余生活，提高教职工的综合素质。

3. 开展职工之家建设活动

如学校建立了青年教师新蕾俱乐部、书画室、图书阅览室、乒乓球室

等，定期对教职工开放，为教职工建立了多项交流互动的平台。大家工作之余，到活动中心去放松心情，这不但很好地融洽了人与人之间的情感、缓解了他们的职业压力、促进了教职工的身心健康发展，而且还凝聚了人心，促进了学校工作顺利进行。

四、多方激励，增教师教学自觉

我国古代军事家孙膑认为："合军聚众，务在激气。"革命家秋瑾说过："水激石则鸣，人激志则宏。"激励是调动人们积极性、主动性和创造性的一个重要方法。对工作完成好的，有突出业绩的，要大张旗鼓地进行奖励。激励机制以激发教师潜在的积极性和创造性，提高教育教学工作绩效水平为目的，在强调目标导向的基础上，运用激励的手段，根据人的合理需要，激发人的积极性，把人的心理和行为状态导向新的境界，推进到新的高度。

1. 目标激励

通过评价目标的设置激发教师的动机，指导教师的行动，使教师的需要与评价的目标紧密联系，以激励教师的积极性、主动性和创造性。比如在教学质量评价中，我们分设了教学质量县综合评价名次奖、教学质量县名次进步奖，并且将县名次进步奖情况视为教师工作重要成效。这样优化了以往只看名次不看进步的考核方式，也解决了差班学生没有教师接的情况。

2. 过程调控激励

教师评价在实际操作中，将形成性评价与终结性评价相结合，注重教育改进功能的发挥，把自我评价和他人评价相结合，强调教师结合日常工作进行自我评价，及时反馈评价信息，不断调控、改进和完善自己的工作。我们从去年开展将教师教学质量评价分成了两块，一块是每月的教学检测综合评价，一块是期末的教学质量评价，同时在每月教学检测综合评价中加入了常规检查、学生评价等。过程调控激励，关注过程，使教师更爱立足本岗、追求成功。

3. 效果奖惩激励

奖惩是一种强化激励。我们以精神奖励与物质奖励结合，做到合理、及时、适度。学校在实行奖惩激励中，既敢于定论，又讲究方法，做好耐心、细致的思想工作。将评价结果与绩效工资挂钩，对能定量评价的评价内容，如教学成绩、获奖、辅导、考勤、工作量等定量评分，对不能直接量化的项目如质量检测、活动指导、家长工作等实行二次量化，体现出干与不干、干多干少、干好干坏会有不一样的结果，从而激励教师不断提高自身素质和工作水平。

综上所述，提高教学质量是一个永恒的话题。学校工会虽然不是职能部门，但它的作用仍然不能忽视，一枝一叶总关情。学校管理者只有从各个层次、各个角度注意激发教师工作的积极性，将大家拧成一股绳，使大家心往一处想、劲往一处使，才能迎来教学质量和学校发展共进的双赢局面。

给学生一个倾诉的机会

一个学生的心事长时间得不到倾诉，得不到解决，那么他们的内心世界往往会变得封闭，甚至抑郁，随之而来会出现异常行为。在班级管理中，教师要经常给学生一个倾诉的机会，这样才能给班级管理带来更好的效果。

一天下午刚上课，班长向我报告，住校生小华回家了。问及班主任，得知他没请假，这几天不是偷同学钱，就是与同学打架，班主任也批评了他好几次，不见好转。为了了解情况，防止问题严重化，我决定立即到他家去家访。我乘车又走路，一个多小时后才找到他的家。当第一眼看到他时，真想狠狠地教训他一顿，但当我发现他那脆弱、忧郁的神情时，我还是忍住了。

我轻轻地问："小华，你为什么回家？怎么不请个假？"他站在门口，盯着自己的脚尖不抬头，也不说话。一旁的奶奶直责备："华华，老师叫你说，你怎么不说。现在回家干什么？"奶奶的责备，没有使他改变主意，更露出他那倔强的神情。我转过头对小华奶奶说："不要批评他了，他回家肯定有他自己的原因。"然后我又转向小华，说："学校是有规章制度的，不能随意进出校门，有什么事可以跟班主任说，也可以找我或其他老师说。"

这时，他奶奶去做饭了，他抬头看了看我，又张了张嘴，想说但又咽了下去，又盯着自己的脚尖。我接着说："如果你不愿意说，我也不勉强你，但我希望你把我当成你的朋友，或者长辈，我只想尊重你、理解你、帮助你，你如果把心事说出来，你可以更轻松。"

后来，他终于向我倾诉了自己的心事，说自己在星期一到校，奶奶给他的钱丢了。第二天没钱买菜，吃了一天白米饭，第三天实在忍受不住，拿了同学的3元钱，后来被同学知道了，就发生了……还了解到，他每次回家奶奶总不停地唠叨责备，从没有听过自己的想法。就像丢钱这事，她也会说是自己买零食花掉的。在班内同学也不太喜欢与他玩，班主任对他也是批评多肯定少。

在这之后，我与班主任和他的奶奶进行了交流，让大家尽量给予他更多的关心与帮助，他一有进步，就表扬他，鼓励他，同时也发动学生和他一起玩，当他情绪反常的时候，主动向他伸出援助之手。经过一段时间的帮助，这个学生的性格发生了明显的变化，脸上时不时地也有了笑容，眼中也少了憎恨，性格也开朗多了，学习成绩也有明显的进步。

"吃一堑，长一智。"有了这次经历后，我更注意管理工作的艺术性，时常要求自己，在严格的同时，也要注意常常给自己一个好心情，不把自己的情绪带入课堂、带到管理工作中去。对学生要有爱心、关心、耐心、细心。当学生发生不良行为时，注意恩威并施，细心观察，仔细分析，透过现象看原因，充分尊重学生，给学生一个充分倾诉的机会。

（本文发表于《衢州晚报》2008年2月20日）

第四辑

队伍: 上善若水任方圆

校长要做好和教师的情感沟通

当今社会竞争激烈，每个人都要面对来自工作、生活、学习和情感等多方面的压力。沉重的压力导致人们情绪不良，工作效率低下，生活质量下降，甚至引发疾病等。校长作为学校的最高管理者，在追求民主化、特色化的教育背景下，校长的角色与工作的难度也发生了很大的变化，还常常面临"有责无权、有想法没办法、委曲求全"的尴尬。徐井岗教授曾说：凡成功者，一定是情绪管理的高手。因此，校长作为学校最高管理者，要管理好学校，就必须做情绪管理的高手。

一、聊天——激励教师积极人生

心理学家詹姆士说过："与人交谈时，若能做到思想放松、随随便便、没有顾虑、想到什么就说什么，那么谈话就能进行得相当热烈，气氛就会显得相当活跃。"学校是师生实现生命意义的地方，是师生展示才华的地方，是教师追求幸福的地方。校长要充分了解新时期教师的需要，引导和促进教师个人目标向着预期的方向发展。

记得几年前，我调到一所边远的农村小学任校长。一段时间下来，发现学校有位女教师，素质高、能力强、文字功底深，但情绪低落，常常发脾气，天天闷闷不乐。一了解得知，她工作多年，由于学校交通不便，信息闭塞，交际圈子小，连对象都没有找。于是，在一次吃午饭时，见她独自一人坐在食堂一角，就故意和她坐到一起，边吃边聊。先聊她的家庭，再聊她的工作。说着说着，就提到同事说她课上得好，文章写得好，大家都说她是才女。她笑了！我接着鼓励说：只要你勤写，不到一年，文章肯定发表。果然，一年后她的文章变成了"铅字"。人逢喜事精神爽，后来，优质课获奖了，名师结对了，男朋友也找到了，生活充满了快乐。

当一个教师的优势与他的工作相吻合时，他可能很快出类拔萃，反之，当他的长处得不到发挥时，他可能很平凡甚至很平庸。了解教师并让他们扬长避短，做他们最擅长的事，是校长面临的最重要的挑战。校长了解教师，需要沟通，需要深入，需要真诚。想让闲聊结果达到激发教师激情的最大效果，需掌握场所、方式与量身定做等要领，并赋予教师工作的使命感和充分自主权，才能在公平原则下满足不同教师的需求。

二、倾听——悦纳教师合理宣泄

汉代著名学者王符在《潜夫论·明暗》中写道："君之所以明者，兼听也；其所以暗者，偏信也。"许多教师常常对学校推出的新制度、新做法感到不满，甚至产生敌意。为此，校长需要提供机会让教师将不满情绪表达出来，并创造一种氛围让教师敢于表达。

记得去年，我组织学校教师讨论三个偏远的教学点是否撤并。有教师提出，教学点虽然只有五六个或十几个学生，但最好不要撤，因为它们离中心小学实在太远了，20多公里，又不通中巴车，全是山路，靠步行真的很不方便。也有教师提出要撤并，理由一是师资问题。原来一直是新毕业生分配去支教三年就换新一批，如此循环，现在没有了新毕业生分配，其他教师又难交流，那么远，谁去？理由二是中心小学教师不足，教学点学生少，占有教师比例大，不利于全乡教学质量的提升。其中在一个教学点任教的年轻老师强烈要求教学点撤并。因为他过的日子实在太苦了，除了交通困难，还要自己做饭，加上优秀学生基本随父母外出打工转学了，留下的学生基本上是留守儿童，没有人管，教育的难度很大。讨论最后平分秋色，一周后，经乡镇、村委领导商量，做出教学点继续保留、教师再任教一年后调出的决定。

这下，有一位年轻教师不安心了，为什么我要在这偏远的教学点任教三四年呢？后来，我把学校这些现实情况向他一一解释，当时他情绪很激动，也说了一些过激的话，我任由他宣泄，耐心地倾听。一直持续一个多月，这位年轻教师终于平静下来了。其实，这位教师工作是非常好的，教学质量全县抽测排名均在前十名，今年被评为"县十佳师德标兵"，并调到了城郊的小学。

校长碰到这些问题，要根据教师情绪的特殊性，建立合理、有效的宣泄机制，尽量避免教师将消极情绪带入教学过程。校长要让对方知道你对他的关心，仔细倾听他说些什么。校长从教师角度表示同情和理解，并冷静寻求解决问题的办法。如果能在学校建立定期或不定期的沟通座谈会制度，经常全面地倾听广大教师的意见，对化解教师日常的不满情绪将会更为有效。

三、微笑——缓解教师紧张压力

古希腊哲学家苏格拉底说："在世界上，除了阳光、空气、水和微笑，我们还需要什么呢？"换句话说，微笑同生活中的阳光、空气、水一样重要。在当今社会中，教师是压力很大、负担极重的群体之一。他们最需要校长做的，是和他们一样，把庄严放在心底，把责任担在肩上，而把生命成长所需要的阳光、空气和水尽情地释放。当教师有过失的时候，校长的微笑可以将他唤醒。当教师遇到困难的时候，校长的微笑可以激发出他们的潜能。校长可以通过微笑使教师成长的舞台更大，平台更高，校长可以通过微笑来积聚教师成长的力量。

当年，我调至一所新学校任校长。一天，想了解早上师生到校、家长接送、保安站岗情况，于是早上7点就站在学校大门口，笑迎师生的到来，直到7点40分离开。一直到第三天，黄老师提了一个小包匆忙来了，我马上示意了一下，微笑着说："黄老师早！"黄老师突然放慢了脚步，走到传达室签了到，然后红着眼圈走到我跟前哽咽着说："校长，我今天来晚了……原来是坐徐××的车……昨天她没有回去，今天早上我到车站坐中巴车，晚了……"我马上笑笑说："没关系！"这时，只见她低着头，一直默默地向教室走去。其实，我知道，她是很认真的老师，平时到校都是很早的，其实不必自责。第二天，我看到她早早到校，仍然微笑着打招呼，她那种紧张感已荡然无存……

教师天天都处在紧张、高压态势下，真的很累，效率也容易低下。一所理想的学校，应该是充满人间温情的，是可以到处看到笑脸、听到笑声的，是可以忙中偷闲的。只有让教师获得精神自由与愉悦，才能有教育的发展与创新。

四、宽容——呵护教师心灵成长

意大利精神病学家阿萨吉奥利曾说："如果没有宽容之心，生命就会被无休止的仇恨和报复所支配。"宽容是一种气度，也是一种领导艺术。学校是教师工作、生活的重要场所，实践证明，如果作为校长能为教师提供一个宽容、民主的管理环境，就能有效地促进教师自主性发展，更能实施行之有效的领导。

记得一天下午，学校胡老师轻轻地来到我办公室请假。没过几分钟，请假条写好交给我，我一看是26日。便问："这是上次的，补填？""是的，我都非常不好意思，我请的假最多！"我笑了笑……其实，教师能认识到这一点，请不请假并不重要了。我知道，胡老师几次请假，不是学校组织教师晚上学习孩子回家无人照顾，就是开学给孩子交学费，或者孩子第一次亲子活动等，这些都是作为一个一年级家长无奈之举。所以她每次请假我都满口答应。所以我常说，教师要请的假校长肯定要批，不需请的或可请可不请的假，最好不向校长请，教师都理解。

还记得前几年，学校绩效工资方案通过时，许多学校一线教师争得面红耳赤，甚至拍桌子、发牢骚、闹矛盾。其实，作为一校之长，无论是教师绩效工资方案通过、职称评定，还是评优评先，能听到一些不同意见、不同声音，是给予自己必要的提醒与监督。从某种意义上讲，是在保护自己，因为这是一种警示。校长要接受、要理解、要宽容。但是在一所学校，教师们的牢骚多了，毕竟不是一件好事，它会影响到教师的工作情绪和工作投入程度。所以，校长在工作中一定要充分发扬民主，尽力减少工作上的失误，尽量不给牢骚留机会。学校是个大家庭，处在这个大家庭中的教师各方面的情况都不一样。为了规范管理，学校建立完善的管理制度，在制度面前人人平等，这都是非常必要也是非常重要的。但是，管理中我们还应该给我们的管理赋予一些生活的意味，建立和谐的人际关系，让身在其中的人心情愉快，同心同德，工作幸福，这才是我们管理的最终目的。当然，宽容不是庇护和放纵，更不是软弱和无原则的迁就。恰当的宽容，就是一种性能可靠的润滑剂。

管理学专家曾仕强认为，管理是一种历程，起点是修己，终点是安人。如果校长在不断修己，势必会影响教师；教师如果也不断修己，势必会影响校长。互动起来，校园就和谐了。由此可见，校长要成为优秀者，一定要是情绪管理的高手，也只有管理好情绪，才能更高效地管理好学校。

（本文发表于《教学与管理》杂志2013年第20期）

做有思想的校长

陶行知先生曾指出："做一个校长，谈何容易！说得小一些，他关系到千百人学业前途；说得大一些，他关系到国家与学术的兴衰。"校长责任之重大，影响之深远，可想而知。说实在的，自己担任校长三年来，不断学习，认真摸索，领导师生之间关系融洽，我的很多想法能够很快地在学校实施。也许旁人并不知道我也有失败，但我却能从中学到"吃一堑，长一智"的真理。也许旁人听说了我的成功，那只是"台上一分钟，台下十年功"的见证。我认为校长的执行力很重要，但有想法更重要。用现在很多专家说的就是当校长一定要有思想，没有思想的校长，工作只能随波逐流、盲从盲动，甚至趋炎附势。下面结合自己几年校长工作，谈谈新时期做一个有思想校长的几点想法。

一、校长的思想根植于工作职责

思想是人们生命的灵魂，是人们认识世界、改造世界的精髓。北京市第二实验小学校长李烈曾说过："做校长，首先是做教育人，其次是做管理者。做教育人，就要有教育理想，有自己对教育的理解。做管理者，就要有领导的能力。在今天，领导能力不再是控制、约束的能力，烦琐的制度和井然的秩序也不再是领导力的衡量标准。在今天，有效能的管理者，是能带来组织发展力的领导者，被称为思想的领导者。"作为一名校长，如果失去了思想，校长的事业也就失去了其真正的生命力和实际意义。优秀的校长并不关注自己有多少超凡的能力或独特的魅力，而是会乐于培养自己的下属成为校长或骨干。杭州市学军小学校长杨一青从教45年，培养了20多位校长。像杨校长那样有思想的校长带出的是具有主体意识和主体精神的团队，带给学校的是一股不竭的发展动力。

这几年，我努力将办学理念细化在教育、教学、管理等方面，结合实践不断提出动态的具体目标，着力通过身体力行，引领中层领导、教师学会思考问题、解决问题，不断提升专业敏感度；倡导每个教师都是学校的管理者，共同管理，拥抱阳光，增强事业心、凝聚力，学会沟通与交流，不断改善心智模式。而在这一过程中，我倡导的是从"亲力亲为"到不"亲力亲为"，重在和每一个人达成共识，鼓励他亲自实践，并在实践中成长为最好的自我。因为，我深信，赋予或激发教师的思想，让教师成为发展的主体，才是我这个做校长最重要的职责，也才有可能、有机会使教师成长为最好的自我！

记得2007年我刚走上校长岗位，第一次组织期末考试，教导主任向我汇报说，下属的泮源、对坞两个村级教学点，大家都不想去监考。的确，这两个小山村，离中心小学有20多公里，早上要很早就出发，加上我们乡内一直不通中巴车，乘农用车也得时刻注意公路上的山体情况，避免山体滑坡人车被压的危险。

当时我就对教导主任说，这次最远的泮源我去，对坞就请快退休的汪老师去。

然后，我单独找汪老师谈话，肯定他平时工作好，为大家树立了榜样，问他，这次最远的泮源、对坞，就我们两人去怎么样？汪老师听后满口答应："你校长都去了，我还不去？"

后来一次会上，我表扬了汪老师，并说："这次期末监考，教导主任安排了好几位老师到泮源、对坞去，可大家觉得那里太远都不想去，这是可以理解的。但是我们要换位思考，教学点的监考是需要老师去的，我们有五位青年教师，与大家同一年分配下来的，有的在泮源、对坞小学任教都好几年了，都没有一句怨言，而现在安排你去一天，还有什么想法呢？我想下次不能再安排汪老师去了吧？或者都叫我校长自己去？这次我们俩带个头，希望下次被安排监考的老师不要推脱或有什么想法，最好能主动要求。"

这一说，还真没想到，从这以后，主动要求去监考的老师越来越多。

再比如，我看过一个教研组的材料，我对教研组长说，这次公开教学活动材料，你应该这样整理："目录、活动安排通知、参加人员签到表、评课表、教案、评课记录等，按顺序整理好，再做一个封面，装订成册，这就是一份很好的材料。其实材料收集整理过程，也是对那些懒散教师的促进，对学校管理过程的规范。"这个教研组按照我的思路将每次活动材料做得很规范、很到位。在学期结束，教研组考核评比时，各教研组将自己材料放在一起，不用校长说，组长们一看就知道自己做得怎么样，下一步应该怎么做。

所以，学校很多工作规范不规范、顺利不顺利，与校长思想引领是否充分、到位密切相关。

二、校长的思想源自理论学习和行为借鉴

重庆的牟来华老师在《论校长的办学思想》一文中写道："校长不但要善于观察和思考，同时更要善于学习。学习是思想的源泉，校长要勤于学习，乐于借鉴，让理论在学习中提高，灵感在借鉴中闪现，思想在实践中碰撞，情谊在管理中升华。通过学习来更新自己的教育理念和知识结构，使自己紧跟时代步伐，适应教育发展的要求。在教育改革和发展的今天，校长们并不缺乏先进的教育理念，而是缺乏结合学校实际的'本土化教育思想'。校长要在纷纭复杂的信息流面前，捕捉并生成自己独特的教育思想。"

以前我对孔子、叶圣陶、陶行知、苏霍姆林斯基、杜威以及当今的斯霞、于漪、魏书生等知之甚少，后来，为了写文章，硬着头皮买了苏霍姆林斯基《给教师的建议》，于永正的《教海漫记》等。认真研读后，才知"书中自有颜如玉，书中自有黄金屋，书中还有智慧脑。"当了校长，工作中经常碰到许多管理问题与困惑，请教兄弟学校校长，他们给了我很多很好的建议，使学校的很多问题得到顺利解决。但作为校长，很多理念、很多思想，是不可能从兄弟校长那儿学来的。

从哪里来？我认为是在学习中不断丰富，在实践中不断积累，在反思中不断升华。这几年，我认真学习、勇于实践，借助衢州市打造"两子"（孔子、棋子）文化，进行了儒家校园文化创建；依托省市妇联关爱留守儿童的大背景，开展了"两地书"研究；抓住教师专业提升的迫切需要，组织了教师"上挂下磨中结对"等活动，引起了省市县各级领导的关注，收到了很好的效果。

我认为这些思想、做法均来自学习与借鉴，没有人云亦云。校长要经

常学习、善于学习。除此，我校为了提升教学质量，根据洋思中学的经验，提出了课堂教学要做到"三清"：堂堂清、日日清、周周清；根据后六中学的经验，提出了教学常规要做深、做细、做实；根据杜郎口中学的经验，提出了每节课教师必须根据学科的不同要求留有相应的作业时间等教学管理思路。所以校长的很多思想来自理论学习和行为借鉴。

三、校长的思想来自和谐的团队精神

朱永新教授曾说："校长的思想不是他个人智慧的成果，而是一个团队精神的碰撞、交流、融合、积累与提升。激发每个教职员工的积极性和创造性，最大限度地发挥他们的潜力，是一所学校蓬勃发展的重要保证。一所学校一旦形成一种思想、一种文化，它的力量是无限的。要做到这一点，校长必须让全体教师都成为思想者，集思广益，以主人的姿态承担学校主动发展的重任。因而，校长在繁杂琐碎的日常学校管理中，应做民主的倡导者和领导者，要放得下架子，听得进不同意见，尤其是教师的建议和批评，不要孤芳自赏，也不要唯我独尊，更不能刚愎自用。"

我们可以看到像李镇西、孙双金、芮火才等很多成功校长，他们都不是单纯靠权力领导和管理学校，在他们身上更显现出"以人为本"的管理特点。一位好校长必须有人格的影响力，思想的辐射力，道德的感召力，威信的穿透力。

我校的一位中层领导曾向我诉苦，说学校教师不把他当领导，不听他的安排，他的工作难以开展。后来我找了几位教师了解，教师向我反映，这位领导的官僚意识太强，太会分工，动不动叫这人做这事，那人做那事，写好东西也要找一个人打印，复印一份材料也要找人，自己却这里走走，那里晃晃，很悠闲。后来我找这位领导，真诚地交流："我们当领导要会用人，这很重要，但不要忽视自己。其实很多事情是举手之劳，根本不用找他人的。如平时你忙不过来，可叫人帮一下忙，老师一般都会乐意做的，何况你是学校领导。你自己闲着，别人为什么要帮你呢？"我说，我校长叫书记、中层领导、普通老师做事，没有一个推脱的，他们都立即答应，你知道为什么吗？我觉得，他们听从我，并不仅仅因为我是校长，最重要的是看我天天在忙，时时在忙，看我吃饭每天都在最后，我做了一茬又一茬的事，找我帮忙的我都尽力而为。你说我叫他去帮我做件事他会推脱吗？听了我的话，他茅塞顿开。

当校长要尊重、理解、信任、帮助每个人，那么整个团队都会拥护你。近年来，我们学校教师到校从没有签过到，也没有点过名，但教师都能自觉按时到校。平时向我请假的老师我都准假，每学期下来，不会有超过10人次请假。我在全体教师会上说："教师不到学校或要提前离开学校一定要事先向我请假，向校长请一两次假，我都会准假的。我相信，没事大家也不会向我随便请假。如果请假三四次以上，请允许我详细问一下，家里啥事，还是有什么困难，是否需要学校帮忙或派人到家里慰问。"校长经常这样说，教师心理防线打开了，工作好做了，校长很多决策他们就理解了。

校长的思想来源于团队，要为学校这个团队取得成绩、荣誉，要及时传达并肯定每一个成员付出的努力。衢州二中校长徐建平曾说，校长的最大价值不在于自己做了什么事，而在于发现了多少教师和培养了多少教师。要把专注于发现教师问题、找教师毛病的心态，调整为更多地关注教师优点、长处的心态。我们学校这几年，先后发现了浙江骄傲2009年度最具影响力人物、省春蚕奖获得者、市十佳师德标兵、市百优班主任、县十大百姓楷模、县十大身边好人等10多人，其事迹先后被刊在《浙江日报》《教育信息报》《钱江晚报》《衢州日报》等媒体。发现不同人的价值，挖掘他们的内在潜能，张扬他们的个性，激发他们的积极性，校长责无旁贷。

校长除了要发现人才，更要重视培养人才。我校现有30岁以下青年教师29人。学校通过建立激励机制、加强培养培训、搭设展示教师才华的舞台等措施，为教师成长铺路搭桥。比如学校每学期组织中心小学与教学点教师挂职交流活动。即中心学校教师到教学点体验教学生活，教学点青年教师到中心小学挂职学习。时间一个星期，教师指导一对一，岗位配置一对一。内容涉及学科教学、班级管理、教研活动、值日晚管等。要求每天写体会，一周写小结。以此促成长，势头强劲。

四、校长的思想源自对事业的执着

常言道："行是知之始，知是行之成。"行动产生理论，理论指导实践。校长，是责任与使命承担者，是事业追求者，是成就他人提升自我的平台，校长的思想是在事业的执着追求中产生的。校长只有在事业的发展中保持先进的独特的教育思想，才能引领团队攀登高峰；只有让自己的教育思想融入教育管理，才能促进教师去体验教育教学的无穷乐趣；只有让教师在教育思想的引领下，品尝到教书育人的幸福与乐趣，才有能与人分享独具的情趣。

有人说，在学校的舞台上，校长是领跑者，校长跑得多快，老师们跟着就会跑多快。校长是船长，是掌舵的，你要指挥学校这艘航船乘风破浪远航，到达理想的彼岸。任何校长在事业发展中都会有顺利的时候，也会有不顺的时候，大多数情况下是处在常态发展中。但不管处在怎样的境况下，成功校长都会保持一种积极的心态。哪怕是处境艰难的时候，他仍然相信世界上没有解不开的难题，会创造性地走出一条脱困之路。全国著名校长蔡林森提出的"没有教不好的学生"这一思想，被洋思人十几年如一日地实践着，最终造就了洋思这座辉煌的教育大厦。

我校是常山县一所比较偏远的农村小学，原教学底子薄，办学条件差，中老年教师多，教科研意识淡薄，教学质量一直位居全县中下水平。近年来，学校借助创强之机，学校面貌焕然一新，教学条件得到极大改善；青年教师逐渐加入，学校借助新蕾俱乐部、特级教师工作室开展一系列的促青年教师成长的活动；教学常规落实到位，教风学风井然，如今教学质量得到明显提升，教科研氛围逐渐浓厚，学校正走出一条脱困之路。

这些成绩是全体教师共同努力的结果。当然，这里有各级领导给予我很多机会与强有力的支持，让我在繁忙的学校管理中，能站稳讲台，并一直任教我心爱的一个班的小学语文课，同时在近三年内主持参与了多项省市级课题，在市级以上发表获奖论文40多篇。校长工作的态度、成绩，直接影响着全校老师的工作态度、成绩。我们学校一路走来，还有很多领导、校长、老师一直支持着、帮助着、关注着。所以我常说，让我们校长、教师不得不前行的一种力量，就是被关注。校长的思想来源于对事业的执着，同时也伴有被关注之力量。

当然，做一个有思想的校长，他的出发点总应立足于每一个孩子成才，每一位教师成长，每一所学校的发展，他的思想认识总是走在时代的前列。那么，坚持，再坚持，实践，再实践，一个有思想的校长必然会成为一位成功的、出色的名校长，学校这棵教育大树必定会根深叶茂，基业长青。

（本文收录于吉林大学出版社出版的《为校长搭建飞翔的舞台》一书）

成功从驾驭好自己开始

2010年4月20日，"杨一青名校长工作室"全体学员第四次活动在温州举行。杨一青校长做《学校文化与教师职业修养》主题报告，让我感触颇深。他那真诚又带点沙哑的声音里蕴藏着深邃的思想，平实而典型的事例让观点跃然纸上。他的形象让人铭心，他的信念让人激扬。学校就像一个车队，每位教师就是车队中的一员。要想车队跑得快，每位驾驶员就要驾驶好自己这辆车。学校要想发展得快，每位教师都要驾驭好自己。

一、人生目标是成功的方向盘

杨一青校长说："目标是飞翔的方向。"一个没有目标的人生，肯定是灰暗的人生，是碌碌无为的一生。一个有着清晰目标的人，一定会成为社会的成功人士、行业的佼佼者。我的成长经历让我刻骨铭心。

记得那是1993年8月，我从衢州师范学校毕业，被分配在一所偏僻的乡村小学。学校8名教师，其中4名民转公，2名代课，2名师范毕业生。虽然学校破了点，教师们年龄大了点，但看到我到来，他们都很热情，都很欢迎。两年后，当时小学的负责人由于年龄大退了岗，加上学校教师少，他们都是我的老师辈，我是学校最年轻的，我被推荐为继任学校负责人的唯一人选。与其说是学校负责人，不如说是能为学校长辈更多服务的年轻人。在那几年的乡村小学生涯中，"轻松，无忌，懵懂，快乐"占据我工作、生活的全部。我笑谈，村小八年，一心教书，勤于服务，完成了"三子"工程——买了房子、娶了妻子、生了孩子。2003年9月，我被调至中心小学担任教导主任，才知自己美好青春就那样白白浪费了——10年里，各种表格栏内仅有一篇文章获奖，一篇文章发表，一张乡级荣誉证书。那时想，只要自己每天早上高高兴兴从城里骑半小时自行车到乡下小学，上好课，傍晚又快快乐乐骑半小时自行车回城，期终考试学生能考个全乡前三名就一切OK了。那10年，真是幼稚至极！

2003年10月，校长诚恳地对我说："你是学校教导主任，教导是学校的教头，什么都要走在前面，才能更好地带好教师！"在他的鼓励与帮助下，除做好日常教学与教导处管理工作外，带头参与各级各类评比。两年里，撰写的论文在国家、省、市获奖与发表10多篇，辅导学生作品在市级以上发表20多篇，基本功比赛获县一等奖，教学质量居全乡第一，被评为县教坛新秀等多项荣誉。2004年10月被派往杭州市饮马井巷小学挂职，2005年8月经全县竞聘被调至常山县新昌小学任副校长，2007年8月经全县公开选拔任新昌小学校长。三年校长，本人获县级以上荣誉20多项，学校获省示范小学、省绿色学校、省远程教育先进单位等县级以上荣誉30多项。一路走来，得到各级领导的关心与厚爱，教师的理解与支持，很顺畅，很充实，充满幸福。

美国著名画家摩西奶奶说："做你想做的事永远也不晚，哪怕你已经80岁了。"的确，人生永远没有太晚的开始。只要你愿意开始，一切都还来得及。10年后的我，让我拾起了一拖再拖的梦想，勇敢去追——人生目标。

二、学习实践是成功的发动机

杨一青校长说："学习与思考是飞翔的翅膀""岗位实践是飞翔的平台"。一个不重视学习实践的人是没有发展潜力的；一个重视学习实践的人，他的思维会更广阔，工作会更顺利，生活会更美好。

2006年9月，衢州师范学校2000届的一位女毕业生从开化县调到新昌小学任教语文。她，活泼大方，思维敏捷，工作认真，学习主动，多次参加学校比赛，屡屡获得好评。一学期下来，深得学生喜欢。2007年3月，学校推荐老师参加县农村小学科学优质课评比，她作为一名语文老师主动报名。她说，她以前教过自然，有经验！后来，学校多次邀请县科学教研员来为她指导，多次磨课，结果获得了优质课县二等奖。她非常珍惜这来之不易的荣誉。她非常清楚地知道，这次参加的是农村小学教师，是在县教研员多次指导下，一点一滴成长起来的。她把自己磨课的过程、体会写下来，投寄给了杂志社，结果发表了。可以说，那几个月，她的脸上总是挂满笑意。因为上课第一次获奖，文章第一次发表，真是双喜临门。第二年，学校就安排她担任科学专职教师。她说，2007年是她成长的转折年、动力年。

有人说，成功不需要太多刺激，只要那么一点点，就能唤起人们无穷的实践力量。的确，这样的力量，在这位女老师身上可以找到。后来两年，这位女老师在县级以上发表文章获奖达26篇，优质课获县一等奖2次，录像课被挂在衢州教育资源网上供大家共享。2009年8月，她很顺利地被选调到常山县城区小学任教，现在已经是常山县名师、衢州市学科带头人。用她的话说，自己是幸运的，当初在开化县任教的6年所学到的、获得的东西加起来还没有在常山县新昌小学一年学到的、获得的东西多——因为，这一年，她学得多，实践多，成功多，内驱力大。

三、提升素养是成功的助推器

杨一青校长说："一个人有没有素养，表现在他的一举手一投足、一颦一笑上。一个有素养的人，他会处处体现出对他人、对纪律、对规矩的尊重。"一个有素养的人，时时处处都能得到大家的尊重；一个没有素养的人不仅得不到他人的尊重，而且会被别人看不起。去年，一位校长曾向我讲起一位校级领导的几件事，让我很受震撼。那位校级领导是全县公开选拔上来的，应该说自身素质很不错，能力也很强，但是不注意细节，缺乏领导素养，让周围人很不满意。

他谈到，那位校级领导在课间经常会到行政办公室，看看，瞧瞧，看到中层领导位子上有几张还没有报销的发票，就会随口盘问中层领导一番；看到桌子上的书、信也会随手拿起看了又看；看到同事桌上的香烟也会随手抽出一支就抽。平时分管的工作，经常向校长汇报，但他汇报过勤，动不动就到校长室问这事怎么做问那事怎么办，一天至少要到校长处五六次。看到校长在办公，会侧身去看看校长在工作本上写什么。平时喜欢向校长反映这个老师怎么样，那个老师怎么样，学校这项工作没做好，那项工作没做好。校长将校级领导反映的情况诚恳地向A老师说明并核对时，A老师说校级领导误打小报告。校级领导听说后，责怪校长不留面子，向那老师说了自己反映的事，让他骑虎难下。讨论绩效工资时，某领导提出要对B老师加点绩效，对C老师减点绩效，校级领导私下到校长处说："某领导可能与B老师关系好，他给B老师争，要加点绩效；听说某领导与C老师早有意见的，所以要减点绩效……"

还谈到，学校期末阅卷，因人手不够，教导主任安排教数学的校级领导批阅语文试卷，可校级领导提出他教数学不改语文卷。教导主任无奈，只得与其他数学老师商量改语文卷，满足校级领导的要求——改数学卷。学校校安工程校舍检查，校级领导兼安全员的他将表格拿到总务主任桌上一放说，校舍情况由总务处填好。总务主任说，校舍安全检查原来是安全员做的，现在还是你做比较合适。没等总务主任说完，校级领导马上说："我是组织派来做校级领导的，不是来做安全员的。是校级领导兼安全员，不是安全员兼校级领导……"总务主任无语。

从上述事例中，不难看出，那位校级领导职业修养不高。杨一青校长在"修养要则"中说，我们每个人都应："放低自己，谦虚待人""坚持在背后多说别人的好话""多查己过，少责人非""不要把谈论别人的缺点当乐趣""要埋怨别人时先想想自己是否完美无缺""修养要则的核心是尊重，把每个人当作具有其内在价值和潜能的独特个体来接纳和认同。"

孔子说："行有余力，则以学文。"这是很有道理的。成功是每个人渴望的，要想成功只有及早把好人生方向盘，点燃发动机，开足马力，遵守规则，才能顺利实现。

（本文刊登于《杨一青工作室学员学习感受汇编》2010年第4期）

教师成长，离不开"听说读写"

江苏省教育科学研究院王铁军教授说过："决定学校前途和命运的是教育质量，而教育质量最终取决于教师，所以学校首先要做的工作是建立起一支稳定的、具有较高素质的教师队伍。有好教师，才有好的教育质量，才能使学生享受良好的教育。"

我们学校现有教师45人，平均年龄36岁；女教师28人，占62%；35岁以下26人，占58%；高学历38人，占84%；普通话二甲及以上20人，占44%；小学高级以上学历21人，占47%。近年来，学校非常重视教师培养，通过开展各种"听、说、读、写"等活动，促进教师素质提升，不难发现，他们每一个人都在悄悄改变。

一、听——专家解读，弥补教师学习不足

苏联教育学家马卡连柯说过："学生能原谅教师的严厉、刻板甚至吹毛求疵，但不能原谅教师的不学无术。教师要给学生一杯水，自己就要成为一条常流常新的小溪。"终身学习是每一个体的一项权利，也是一种使命，

更是职业幸福的源泉。

当前，对于大部分小学老师来说，取得小学高级教师职称是自己的最高追求，有些老师一旦评上了高级教师职称，就失去了奋斗目标，放松学习。一些年纪较大的老师知识结构老化，学习积极性衰退。加上小学老师很多是包班的，白天基本上都是上课、批改，还要辅导等，没有时间学习。为此，我们学校从2011年9月开始，拿出每周一晚上作为所有教师的学习时间，我们简称"夜学"，2012年9月开始，实施每月最后一周周一晚上为"夜学"时间。"夜学"活动，主要邀请教育专家、名师来校讲座。

近两年来，学校分别邀请了省特级教师章师亚、施燕红等50多位专家来校讲座。同时还邀请了移动公司老总、东方商厦服务部经理等来校讲解精细化管理。通过夜学，不仅弥补了我们白天工作无暇学习的弊病，还有效地拓宽了教师的知识结构与管理理念。

夜学活动已经取得了良好成效，同时我们还创新夜学活动形式，做到集中学习和自学相结合，交流与讲座相结合，学习与考核相结合，不断促进教师专业成长，使教师树立终身学习理念，养成终身学习的习惯，建立学习型学校。

二、说——创新经验，推动教师积极研究

教师平时课堂中说得非常多，但我们认为那是重复的，是面对学生的教学语言。为了让教师能更好地总结自己的经验，锻炼自己的表达能力，学校每月举行教师经验交流会，让教师阐述自己的教学方法、管理经验，引发同行思考。

这里谈到的教师的"说"，不仅包括有主题的论坛形式说、有预设的观点辩论说，还包括无主题的随机抽签说。这样"说"，我们每月一次。近一年来，我们开展了班主任精细化管理论坛、读书论坛、盘点年度工作等。

最近，学校开展了读书论坛。活动中，学校选出8位老师代表，参与论坛交流，不仅向老师们推荐了自己钟爱的书籍，更与大家分享了读书的

收获与快乐。如刚刚参加工作的韩丽厦老师在读完《班主任兵法》后，深有感触，从中学到了不少班主任工作的宝贵经验；如凌佳老师在读完《做最好的教师》后，鼓励自己要坚持不懈地努力，每天与自己比较，做更好的自己，尽快向"最好的老师"境界靠拢；作为科学教师的郑素娟老师受到《给儿童教师的一把钥匙》的启发，与大家探讨了"罗森塔尔效应"，并将之与自己的教育教学实践结合起来进行反思，深切地领悟到教师态度对学生的神奇作用；毕业班的徐建英老师则有感于薛瑞萍老师的《给我一个班，我就心满意足了》一书，折服于薛老师处理学生事件的智慧，更是发出了"教师不说'爱'，教育不失'真'"的感慨。

本次论坛是继学校"读书·教育·人生"主题读书报告会后的又一次活动，也是学校报纸杂志征订，工会新年赠书，每月阅读摘记等读书举措落实于具体活动的一次小结。当然，这样的活动学校经常开展，目的是让读书活动成为全体教师生活的一种方式，让阅读积累成为老师们教育教学不可缺少的一部分。我们相信，书香弥漫的校园会更有活力，书香浸润的教师将更富智慧。

三、读——教育名著，增强教师知识底蕴

《中国教育报》资深记者陶继新教授为潍坊八中教师作《读书与教师生命成长》报告时说："当今社会上浮躁之风盛行，功利之心蔓延，在这样一种情况下，最有文化的校园这一片土壤，也沾染了这样一种风气。另外，作为一个校园，它应当是文化的沃土，文化的沃土离不开读书，但是就在这片文化沃土之上，读书也是渐行渐远。"

读和教是相辅相成的，没有高层次的阅读，就没有高水平的教学。我们开展了读书工程。学校根据教师的推荐，选出10本教育名著，分10个学期，每一学期全体教师共读一本书，人手一册。上学期我们共读了苏霍姆林斯基的《给教师的建议》；本学期我们共读夸美纽斯的《大教学论》。

新学年伊始，学校的教师读书活动又掀起了新的小高潮。老师们利用

假期，整理了本学期以来的读书收获，并以读书笔记的形式进行了记录，并举行了教师读书论坛活动。

> 闲时读书是一种充实，"采菊东篱下，悠然见南山。"手捧书本，我们便如陶渊明似的悠闲；忙时读书是一种巧进。"踏破铁鞋无觅处，得来全不费功夫。"不费心力，我们就能让诸多疑难问题迎刃而解。

> 学习别人的经验，不但能帮我们节约时间，节省精力，而且能引导甚至改变我们的思维方式，让我们避开歧途，少走弯路，为我们追求成功创造捷径，读书使人渊博，读书使人充实，读书使人高雅，读书使人智慧……

> 教师需要在学习中改变观念，革新手段，丰富知识，增长才干。教师不读书，就好比农民不种地，生命的田地终将荒芜。

> ——摘自徐建英2013年4月22日随笔《让我们在读书中成长》

有人说，读教育名著是吃大餐，快不得，要有耐性才能品味出其中滋味；读教育类杂志是吃快餐，对快节奏的人来说很实惠也很实用。也有人说，要涵养你的精神，使之浑厚凝重，圆润有灵性，不读名著难以做到；要想了解别人做了些什么、现在正在做什么，最经济便捷的方法就是读报纸杂志。所以，我们要求每个教师每学期在读一本教育名著基础上，再征订一份杂志，认真阅读，这样可以让教师了解本学科最前沿的信息。

四、写——教育随笔，促进教师深度思考

随笔是一种散文体裁，它无须华丽的辞藻，严密的结构。写教育教学随笔，就是作为教育教学工作者，将自己在教育教学过程中遇到的问题或心中的感悟随手写下来。

我们要求每位教师每日撰写教育随笔一篇，可以是生活感悟、教学心

得、管理总结等，每周上交一篇校长批阅。校长根据教师撰写情况，每周选出优秀随笔，供全体教师学习交流。

在招贤的日子里，有过辛酸，有过煎熬，有过怨恨，有过想不通，可幸运的是，我很好地走过来了。很感谢招贤，如果一直待在阁底，有太多的问题没有机会去思考，有太多的东西无须我的改变。改变会有不适，会有疼痛，有时改变，是对过去自己的撕裂，所以疼痛在所难免。仿佛有种坐久了以后，站起来伸伸懒腰般舒服的酸痛。

——摘自胡连枫老师2012年12月17日随笔《又是一周开始》

听完周五下午的感恩讲座，当时感触很深，动情之处自己也不禁眼眶湿润。问问自己是不是懂得感恩，一路走来，亏欠这么多，根本不知道怎么样去计划生活，一点小小的委屈和挫折都受不了。自己也没有深刻反省自己，走到今天是多么不容易……

我想我应该把自己重新定位成一位学生，周围的人都是我的老师，多一些大度和豁达，乐观地去面对生活，要学会珍惜，不要去触碰道德底线，要知道留给自己的机会不多，留给自己的青春不多。

——摘自夏子轩老师2013年4月2日随笔《感恩教育有感》

坚持写教育教学随笔可以及时发现问题，及时总结经验，坚持写教育教学随笔能使课备得更好，坚持写教育教学随笔可以提高业务水平，坚持写教育教学随笔可以提高写作水平，坚持写教育教学随笔还能提高自身的道德素质修养。

几年下来，我们发现教师队伍在提升，除了教师自身有内驱力外，学校努力为其搭建平台、督促考核都不可少，因为人都是有惰性的。我们学校开展的教师"听、说、读、写"等活动，虽然增加了教师很多负担，当初老师有些想法，但这些都过来了，现在教师竟越来越喜欢，甚至离不开。压力就是动力，我们每一个人都在悄悄改变，综合起来，教师成长是看得见、摸得着的。

（本文发表于《现代教育科学》杂志2013年第6期）

立足三个维度，促进农村小学中老年教师专业发展

目前在农村学校，特别是偏远山区学校，中老年教师仍然是实施新课程的主力军。为有效提高农村中老年教师队伍建设，促进教师专业化成长，我们选择了常山县新昌、球川、钳口等小学中老年教师进行调研。

在访谈、问卷中发现，大部分中老年教师自身专业发展的内驱力不足，认为自己职称已评下，只要站好最后一班岗，不出安全问题就行了。加上学校物质条件先天不足，他们很难感受到教育发展的迅猛与急切，很难感受到自身同先进教育教学理念的差距，很难从内因上形成对自己专业发展的渴望与需求。对此，我校立足三个维度，提升中老年教师理论的积淀和驾驭课堂能力，参与教学科研能力，从而实现中老年教师专业发展。

一、第一维度：内激热情

1. 抓好教师的校本研训

校本研训强调学校是教学研究的基地，教学研究问题是要从学校教学实践中归纳和收集，而不是预设和推演。我们本着以教室为研究阵地，以教师为反思者、研究者的指导思想，倡导教师从各个角度反思自己的教育教学活动，在反思中找到教育的出发点和根据地。然后引导中老年教师将自己的反思成果写成文章，每月一篇，不求长短，只求真实。学校每学期将教师上交的反思文章结集成册，让教师相互揣摩学习，使他们在反思碰

撞之中产生思想火花，从思想深处产生学习的内驱力。

2. 实施教师学习合作小组制度

由于农村学校教学点多，经常组织教师集中学习不是很方便，我们就以教师自愿、方便为原则，组建教师合作小组。以"学会欣赏"的视角相互学习，相互促进。这种合作小组规模小，适应性强，茶余饭后，休息闲聊之时均可进行。这使中老年教师从刚性的集体学习活动中被解放出来，提高了学习效率，激发了学习热情。

3. 开展教师读书活动

中老年教师长期在农村，不加强学习，不吸收新鲜事物，思想必将落伍僵化。学校每学期挤出经费征订一些教育教学报刊和理论专著供教师借阅。要求中老年教师每月看一期教学杂志，每学期读一本教育专著，每周记一张学习卡片，每季交流一次学习心得体会。通过读书活动，大部分中老年教师认识到自己的差距，产生提高自身素养的内因需求。

二、第二维度: 外创条件

1. 集体研训——保证时间

学校规定中老年教师集体研训时间，制订集体研训的实施方案及细则，要求每次做到有中心发言人，有研前准备，有研训记录。

2. 听课评课——提供机会

大部分中老年教师不愿出远门，又在村完小包班任教等原因，外出学习机会少，学校组织中心小学骨干教师赴村完小上巡回课，为中老年教师提供听课评课的机会。

3. 临摹名师课堂——搭建平台

要求中老年教师一学期临摹一堂名师精品课。首先组织教师挑选适合农村教师上的名师精品课堂录像，然后集体观看，看后分析讨论名师教学设计、教学理念、理解课堂教学智慧，临摹课堂教学技巧，以提升全体中老年教师驾驭课堂的能力。

三、第三维度：上下齐抓共引领

1. 专家引领

学校有计划地邀请县教研员、特级教师、杭州、萧山等地结对学校的名师、专家来校讲座，并亲临课堂示范指导。

2. 骨干引领

骨干教师有丰富的教育教学实际经验，是重要的校本研训资源。我们充分挖掘校内骨干教师资源，利用讲座、听评课、集体教研、教研活动等形式，通过适应性专业引领、发展性专业引领和主题性专业引领，多角度让校内骨干教师指导中老年教师，让一大批中老年教师迅速提升成长。

3. 制度引领

学校建立了学历进修奖励机制，其中对于中老年教师取得高一层学历的（包括合格学历），学校给予两倍的奖励，同时制定了中老年教研成果评比办法与奖励办法、中老年教师教育科研先进个人评选办法、先进学习合作小组评选办法等。以各种奖励为契机，学校分别为每位教师建立成长档案，能够清晰地分析出每个教师专业成长的速度和质量，为教师评价提供科学依据，同时为教师的评优、晋职提供了评估依据。

立足三个维度，我校初步形成了以名师专家为领衔、骨干教师为中坚力量、制度引领作为后盾，推动着中老年教师不断反思，教师的观念不断更新，教学经验日臻丰富、教学技能日益提高，一大批中老年教师迅速跟上了形势，重新找回了年轻时的朝气与干劲。当然，中老年教师校本研训共同体的形成尚不稳固，专家引领的渠道还达不到畅通的程度，农村中老年教师临摹名师课堂中预设与生成、临摹与创新的矛盾等问题也需要更深入地研究，我们也期待进一步的探索和实践。

（本文发表于《学校管理》杂志2008年第3期）

学校要坚持不懈地抓好青年教师队伍建设

近年来，我县教师队伍的年龄结构已由过去的以中老年教师为主，逐渐转变为以青年教师为主。因此，坚持不懈地抓好青年教师队伍建设，成为时下学校迫切而艰巨的任务。

一、扶青年教师上马

青年教师刚从大中专院校毕业，走上教师岗位，往往会出现主观想象与实际情况不符，造成情绪波动，心理不平衡。针对这种情况，学校可以从"四心"做起，扶他们上马。

"四心"：安心，青年教师刚到学校，要使他们尽快安下心来，适应新环境；热心，要求青年教师热心学校的工作，热心教学工作，热心为师生服务；关心，关心班级中的每个学生；专心，专心研究教育学生的方法，专心研究课堂教学的方法。

二、给青年教师压力

青年教师要成为骨干教师，不仅靠正确的导向，还需要学校给他们压担子。学校要对教师提出目标，如"三年打基础，五年出成果"。可以通过

"一带，二压，三赛"来实现。

带，就是由学校指定有经验的老教师和青年教师结对子，或借助"县青蓝工程"，让青年教师拜师学艺。压，就是给青年教师压担子，委以重任，并创造条件让他们有充分表现自己的机会。赛，就是创设平台，鼓励青年教师积极参与，提升教育教学能力。

"三年打基础"也要有层次性。第一年，提出"四个一"，即备好一节课、上好一堂课、批好一本簿子、转化一个差生，做到教学质量达到中上等水平。第二年至第三年，提出"四会"，即会了解研究学生、会熟练运用常见的教学方法、会正确地听课评课、会初步总结自己的教学经验。

三、与青年教师结对

青年教师的成长离不开优秀教师的指导。我市近几年也出台了相关的结对措施，学校可以根据实际需要开展相关结对。比如，去年始，我市出台了鼓励省特级教师与青年教师结对的政策，并且是跨县的，学校可以借助此平台，鼓励优秀青年教师走出去与之结对；市名师与青年教师结对，学校可以让青年教师争取在县内结对；学校内部可以进行新老教师结对、骨干教师之间结对；学校还可以借助对口支援结对学校——萧山区特级教师、名师进行结对。

四、树青年教师好苗子

青年教师逐步成长起来后，就要及时培养骨干、带头人，树典型，以典型带全部。可以根据青年教师工作表现，让其承担或负责相应的工作，使其在摸索中学会"游泳"，并辅以指导。也可以挖掘如常山与萧山两校对口结对资源，让工作满两三年的青年教师到结对学校拜师，或参加市县名师、特级教师骨干班、研修班学习，提高业务能力。

当然，我们认为，培养青年教师不能脱离群众、脱离教学实际。只有正视成绩，放眼长远，坚定不移地抓，青年教师才能迅速成长，及时挑起学校教育教学工作的大梁。

（本文发表于《今日常山》2009年8月25日）

校长对待不善事者的"三要、三不要"

俗话说："一母生九子，九子性各异。"学校是个大家庭，教师个体的思想、性格各异，校长要善于分别对待，搞好人际关系。一般来说，教师都有与校长搞好关系的愿望。为了博取校长的好感，专门揣摩校长心思的教师也是常有的，然而也有一些教师对校长不远不近、不冷不热。开明的校长对此并不介意，度量小的，对这样的教师就存有防备之心。其实，在实际工作中，故意跟校长过不去的教师是极少的。作为校长，对于那些不善事者，应该如何对待呢？我认为，应该做到"三要、三不要"。

一、要充分理解，不要苛求

当校长的固然需要有教师"维护"，有教师支持，但支持工作的表现方式是多种多样的，维护校长形象也并非就得前呼后拥。作为校长，有时自己的心境是孤独的，因为首先在自己面前走动的有不少是奔着自己手中的权来的，校长要防止被这种个别的教师利用；其次，人有千面，心性各异，这是现实。有的教师作风正派，为人矜持，甚至很有能力，却不习惯在校长面前跑来跑去。这些教师虽然不会讨好校长，但他们扎实的工作和良好的修养本身就是对校长很好的支持。对这些教师，校长不要苛求，不能奢望所有教师对自己像春天般那样热情，要允许教师在心态上与己有一定的差异，在感情上有个人的独立性。

二、要细心观察，不要忽略

不善事的教师有的甘于寂寞，淡于名利，在广大教师中有良好的口碑；有的自我意识较强，思维活跃，满脑子是"方法"；有的还学有所长，是某一方面的行家里手，等等。这些教师，有其明显的优点，也往往有较明显的弱点或个性，校长不要忽略，不要求全责备，更不能嫉贤妒能，要关心发现贤能，把温和的目光投及每一片绿叶，在工作中要主动地向他们靠拢，与他们交朋友，满腔热情地提供条件，调动他们的工作积极性，使其尽量发挥特长，成为学校教书育人的骨干。

三、要民主公正，不要偏见

校长要防止两种倾向，一是防止以个人好恶对教师进行简单化评价。有的教师有发展潜力，但由于种种原因尚没发挥出来；有的有良好素养，对事业有独到见解，只是由于自己眼力不济辨认不出。因此，作为校长要宽以待人，能够容人，善于团结与自己感情不十分亲密的教师，不轻易否定不善事者的存在价值。二是在处理关系到个人切身利益时，要公正无私，一视同仁，防止对不善事者潜意识中的不满情绪发作而影响大局。

（本文发表于《衢州教育》2009年第3期）

第二编

教　学

第五辑

学科: 乘风破浪济沧海

农村小学生口语表达能力培养初探

口语是迄今为止人类社会最重要的交际工具,小学阶段是人的口语发展的重要时期,教师应不失时机地对小学生进行口语培养。而我国农村小学生由于受到所处的环境、条件、家庭等各方面因素的影响,往往比城区学生的胆子更小,更不敢和不善于表达。为有效提高农村小学生口语表达能力,我们对学校中高年级段学生进行了研究,其具体做法如下。

一、激发动机——想要说

动机既是人们实现其目标的内在驱动力,也是调动人的积极性的直接动因。我们通过调查发现,农村小学生比较胆小,平时不爱张口说话。究其原因,是他们缺乏与他人交流的动机、信心和勇气,久而久之,便成了一群沉默寡言的孩子。就此,我们通过正面教育,让学生明白口语表达能力的重要性。在明确重要性的过程中,穿插介绍一些如苏秦言动六国、孔明舌战群儒等一些名人故事,再把在市场经济条件下,有些人舌绽莲花、纵横捭阖、左右逢源、如鱼得水的成功实例告诉学生,激发学生想说、愿说的动机和愿望,从而激起学生迫切要求学好口语表达的欲望。

二、创设环境——敢于说

环境指周围的情况和条件。为学生创设一个宽松的语言环境，消除他们胆怯的心理，提高他们表达时的心理素质，使他们敢于说，我们主要从以下四个方面进行了尝试。

1. 校园环境

强化学生在校园内使用规范的普通话。普通话在农村的使用率极低，处处可见学生方言的痕迹，这样导致了学生见了陌生人也用浓重的地方性普通话与人交谈，结果别人听不懂，有的认为自己不能用标准的普通话与人交流，就干脆不说了，久而久之，便成了不善表达、不会交流的孩子。针对这一情况，我们要求学生在校园内必须使用标准的普通话进行表达，有礼貌地进行交流。若一个月下来，都能够有礼貌地、正确使用标准规范的普通话交流的学生，我们聘请他担任班级推普员，一个学期下来，都能够正确使用标准规范的普通话进行交流的学生，我们聘请他担任校级推普员。学生在这一机制的推动下，人人争当推普员。

2. 课堂环境

我们发现学生在课堂上不敢当众发言，不愿发表自己的见解或表达自己的愿望，可是，当学生课余聚在一块儿时，又争先恐后说个没完，像一只只快乐的小鸟。究其原因，主要还是学生怕上课说错而被老师批评、同学笑话。针对这一现象，我们主要通过营造一种宽松愉快的课堂环境，以排除学生的心理障碍。

我们最初尽量采用游戏法对学生进行口语表达训练。如学习《拔河》时，让学生表演诗歌中的动物，根据诗歌内容玩起拔河的游戏，让学生边玩边说。在游戏中，学生始终处于积极主动的状态，情绪高涨。在这种轻松愉快的环境中，学生玩得开心，说得带劲。

在课堂教学中，除了通过游戏让学生开口说话，还让学生通过动手操作，激起学生说话的胆量。如在手工课《泥塑》教学中，我们布置学生用橡皮泥捏出自己喜爱的物体模型，然后想想捏的是什么，为什么捏它？学生依次走向讲台，向全班同学展示了自己的泥塑作品，把自己的心里话告诉大家。碰到说不下去的，教师及时启发引导，学生受到鼓励，继续他的解说。

3. 课外环境

学生在课堂上的胆怯心理从一定程度上说，与教师之间的距离感有关。我们就多关心学生，多与学生相处，并与他们打成一片。这样来减轻学生的心理负担，学生也便在轻松愉快的环境中自由说话了。

我们经常有目的地来到学生当中，和学生交谈家庭情况，如你家有几口人？哪几口？他们分别干什么？让学生一一回答。这样相互交谈，平等对话，学生感到与老师的距离近了，感情融洽了，说话的胆子大了，说话的声音也响了。我们还利用农村这一广阔天地，组织学生走田野，爬高山，领略农村大自然的美丽风光，激发表达欲。如我们让学生登上学校后面的高山，让学生俯视山下，说说自己看到些什么？大马路像什么？汽车像什么？你怎么感觉到高？学生身临其境，话语自然而来。

同时，我们还结合自己平时的一点头、一微笑，或者一个手势、一个眼神等，来消除学生说话时的畏惧、胆怯心理，增强他们的自信心，激发他们说话的勇气。

4. 家庭环境

家庭是学生温馨的生活港湾。和谐、融洽、民主的家庭氛围，会让学生感到温暖，有什么喜怒哀乐也会自然表达。我们要求家长要尽量挤些时间与孩子交流，多发现孩子的优点，多表扬，多鼓励，那么孩子会更乐说、更敢说，家庭的氛围也更融洽。

如一位成绩不理想、不爱说话的学生，偷偷看了父亲手机使用说明书，教会了识字不多的父亲发短信，父亲异常高兴，邻里四处传颂。日后他又在父亲的推荐鼓励下，又教会了好几位邻居发短信，从这以后，我们发现这位同学不但爱动脑筋，而且爱说话爱帮助人了。良好的家庭环境造就了孩子极大的转变。

三、赞赏鼓励——积极说

心理学家研究结果表明，每个人都有获得他人肯定、赞赏的愿望。对学生口头表达的积极评价是对学生行为能力的肯定，也是最好的激励和鼓舞。

在课堂教学中，当学生讲得正确时，老师要适时地给予肯定，如"好的，非常正确，你理解得很到位，你说得真好"；对说得不那么完整的部分，我们常常用"……很好，但是……"的句式，"若是把……改下，那就好了"之类的话语；对那些回答基本正确但声音很轻的表述可以说"你回答得很好，若声音大一点那就更好了""再来一次好吗"等加以鼓励；对那些平时很少讲话的同学，即使偶尔有个简单的问题回答对了，也要及时给予诚恳的表扬，即使回答错了，也要给予"你很有勇气，不过我相信你坐下好好想想肯定能回答正确"加以鼓励。心理学研究表明：只有体验过成功喜悦的人们，才会激起多次追求成功的欲望。教师的一次次赞赏和鼓励，对学生来说，如同阳光一样，必将在其心灵深处成长、开花、结果。

四、教给方法——学会说

随着学生年龄的增长，生理、心理进一步发育成熟，中高年级小学生的口头表达能力也在一定程度上得到了提高。但我们研究发现，农村小学生说话时常断断续续，没有条理的现象还是非常普遍，如"老师，我不知道"说成"老师，我知不道"，"你先走"说成"你走先"等，这些现象，究其原因，是因为学生表达能力差，方言混杂所致。这时我们对学生加强了完整句型的训练，让学生懂得完整的句子必须具备的条件，如："谁，干什么，""什么，怎么样"等。通顺的句子必须在语法、逻辑、修辞上没有错误。

我们结合小学语文课当中的说话训练，写作训练，指导学生平时说话时就要将句子说完整、说通顺。

五、丰富词汇——深情说

农村小学生由于受视野、阅历和客观环境条件的制约，以及长期受应试教育的影响，不搞社会活动，学生不能广泛接触社会，视野狭窄，肚中空空。另外，农村学校因受经济等因素的制约，没有图书室、阅览室，学生自己课外读物很少，甚至没有，学生成天到晚除了课本别无他物，以致口头表达方面的素养严重缺失，严重影响了农村学生的健康成长。为此，我们的做法是：

要求每个学生学过的课文都能做到正确、流利地朗读，程度好的同学要求读得有感情，优美的片段要求熟练地有感情地背诵。

要求每个学生每学期必须购买一本课外书。每天必须花一个小时看课外书，并做好摘记。教师利用课外时间随时随地与学生交谈，了解他们看书情况，以督促其学习。

组织学生参观学校周边的果园、稻田、菜地、建筑工地等，让学生用不少于十个比较新颖的优美的词介绍自己所看见的情景，介绍时，要求融入自己的感情，注意语调，真诚地说。

组织学生收看鞠萍姐姐讲故事的碟片，体会如何讲才有感情，怎样说才能打动人，并辅以练习。

通过多种途径培养积累，学生的表述连贯了，语言有感染力，话也说得真诚了。

六、课堂教学——启发说

课堂教学是师生间的双向互动过程。每一堂课都为学生表达能力的训练提供了广阔的天地，语文课更是如此。如在语文课的阅读教学中，我们紧紧抓住课堂教学这一主阵地，灵活运用教材，使每个学生在阅读过程中，带有自己的经验，带着自己的独特感受去体验教材，并抓住这一机会，对学生口头表达能力进行训练。

如教古诗《赠汪伦》时，我们抓住诗中并没有写出诗人李白和汪伦的对话这一点，让学生想象他们俩分别时的情景，然后分角色表演。教《小蝌蚪找妈妈》时，让学生表演小蝌蚪在找妈妈的路上所遇到的情景，使课堂各因素互动，学生兴趣盎然，话语自然来。封闭、单向的课堂，学生沉默是金，而开放、互动的课堂，则百家争鸣。在互动课堂教学的过程中，活动的双方没有主动与被动之分，学生始终处于最积极、最活跃的状态，教师只要及时捕捉，用心把握，必能取得意想不到的收获。

七、课外实践——经常说

口语表达能力的提高，不能仅仅满足于课堂教学的训练，还要把空间拓展到课外，走向家庭，走向社会，通过丰富多彩的实践活动，让学生经常说，提升学生口头表达能力。

1. 利用早自修进行说话训练

如在四年级第一学期，我们轮流让学生做小老师，主要安排了学生介绍自己、介绍家庭、介绍亲戚、介绍自己喜爱的物品等。第二学期，主要安排学生介绍自己看了什么课外书，或者对国家、学校、班级最近发生的事有何看法或感想，也可以介绍自己知道的名人趣事等。

2. 利用班队活动课进行口语训练

在班队活动课中，我们让学生轮流当主持人，结合本班实际，组织学生进行了以"老师不在我们怎么办""我们班黄斌成绩不理想你怎么帮助他""假如我是×老师""我们怎样争当同学的好伙伴"等为主题的演说。每次活动我们都先拟好题目，让学生先思考 5 分钟，然后发言。

3. 利用读报课、班级兴趣小组活动课开专题辩论会

我们先由学生自己出辩论题，然后由教师进行整合，如"说普通话好，还是不好？""轮流担干部好，还是不好？""文静好，还是好动好？""你喜欢和蔼的老师，还是严厉的老师？"等题目。每一次我们在前一天就将题目告诉正反两方，让他们研究自己和对方的论点、论据。实践证明，开专题辩论会学生不仅发言积极，而且勇于交锋，大大增强了学生说话的勇气，提高了学生的口头表达能力。

4. 利用节假日，向亲朋好友介绍学校、老师，向父母亲汇报自己的学习情况等

每学期举行一次学生向父母亲（由学生扮演）介绍、汇报、交流情况的展示会。

经过几年跟踪培养训练，我们发现，在校园内习惯使用普通话交流的学生多了，主动、乐意与周围人交流的学生多了，口语从语法上、逻辑上、修辞上检测正确率高了，表达时流利、有感情、有礼貌、真诚的多了，在日常交往中也显得活泼、开朗多了。

（本文收录于浙江大学出版社出版的《浙江省优秀教育科研论文集》一书）

扬起学生写字兴趣的风帆

写好汉字是学生进行有效书面交流的保证，是学生学习语文和其他课程的基础。随着新课改的不断推进和深化，当前小学写字教学已经被提到了一个崭新的高度。因此，培养学生良好的写字习惯，指导学生写好汉字，是小学教学的重要任务。写字评价又是其教学中的重要环节，成功的评价往往能极大地激发学生的写字兴趣，自觉提高写字能力。美国著名教

育评价学专家斯塔弗比姆说："评价的目的不在证明，而在改进。"通过这几年写字教学的思考和探索，我认为写字教学评价应从促进学生发展的角度出发，才能真正让写字评价起到科学的"指挥棒"的作用，从而更好地发挥出教育的功效。

一、积极鼓励，唤起学生写字热情

省特级教师王崧舟提出："每个学生都有获得成功的需要。教育的秘诀就在于尊重、理解、赏识、激励。"中国青少年研究中心赏识教育研究室主任周弘也说："赏识导致成功，抱怨导致失败。赏识是沟通，是平等，是生命之间交往的桥梁。赏识让孩子找到好孩子的感觉。"心理学家的千百次实验与观察发现：未成年人对自己的看法完全取决于周围人的评价，哪怕是一句话，或者是一个眼神，都会对孩子产生很大的乃至终生的影响。小孩子在无意识中按照周围人的评价调整自己的行为，达到他们赞扬或者抱怨中屡次提到的"期望"。

小学生写字是书法教育的启蒙，需要我们广大教师悉心呵护，此时我们教师的每一句指导、每一次评价都会对他们今后的书写产生深远的影响。所以，在写字教学中我多注重鼓励性评价，从而激发他们强烈的内驱力，充分发挥其潜能。

对于写字水平高的学生，我通常采用打高分的形式进行鼓励，还常用"字太漂亮了""太美了"等来表扬他们。考虑到符合他们的年龄特征，有时还用打五角星的方法来鼓励他们，这种方法学生喜闻乐见、易于接受。他们常常会和同学比较谁得到的星多，在比较中提高他们竞争的意识。

对于写字水平差的学生，要注意发现他们的闪光点，用发展的眼光看待他们的每一点进步。当时，我班有一位贵州转来的学生，他写字能力特别差，写字几乎不是用写，而是用画的，大致看了这个字的模样，然后就"胸有成竹"地画下来，根本没有笔画笔顺。所以，他的字，横非横，竖非竖，粗粗一看，那字似乎是有点模样，但仔细一看，每个字又都是不完整的，有点像甲骨文。这位学生写字水平虽差，但态度倒是挺好，每次写字时，都"画"得挺认真，一个个类似"甲骨文"的字工工整整，很少有涂改的迹象。针对他这种情况，我首先肯定他学习认真的态度，告诉他：你是一个写字认真的好孩子！老师特别喜欢学习努力的孩子。然后告诉他写字要注意哪些地方，如果这些地方注意到了，你的字会更棒！在平时写字过程中，有一点进步了，就及时表扬他。这是一个写字实在糟透了的孩子，但在学习过程中他始终那么自信，那么热情，那么快乐！因为不断给他以鼓励，给他以成功的暗示。

当然，以鼓励为主，并不意味着降低对学生的要求。一味地表扬和鼓励，没有否定，不提要求，也无助于学生的进步。教学中，我常常会这样评价："××同学虽然这次没有写好，但我相信，你一定不服输，通过努力，明天一定会比今天写得更好，你不会让老师失望吧！""××同学虽然这次没有写好，但我知道你在写字上很有天赋，你可别浪费你的天赋，好好努力哦！你努力一点，写字水平还有可能超过我们班的××呢！"诸如此类的评价，先否定学生的作品，接着指出努力的途径，并寄予希望。这样，在宽松安全的气氛中，既婉转地批评了学生，又提出了要求，往往能激发学生写好字的热情和愿望。

二、参与评价，发展学生多种能力

新课程理念下，评价不再是教师的"专利"，学生的自我评价能力和同学互相评价能力是学习能力的一个重要组成部分，并且对学习结果起着重要的作用。

现在的学生写字质量普遍差，原因在于没有遵循写字规律去写，而是"想当然"地写。通过学生的自评和互评，可以分析自己写的字好在哪里，不好在哪里；同学的字不好在哪里，进步又在哪里；有没有遵循写字规律……他们通过分析、比较、综合、概括等思维活动，不但提高了学生的写字水平，同时也提高了学生的鉴赏能力，还促进了学生心智的发展。汉字表达细腻、内涵丰富、结构独特，是最美丽的一种文字，让学生参与评价、鉴赏可以在潜移默化中培养他们的审美能力。

评价是提高学生书写水平的催化剂。因此，我进行每月一次的写字自评和互评，让他们四人一小组进行评价。写字的乐趣在学生的自评和互评中得到释放，进步的大小多少也得到了比较和肯定。学生和学生，教师和学生的关系在自我评价中得到了促进，得到了和谐发展。

总之，通过这些活动，学生不断地进行自我判断和自我完善，提高学生自我评价的能力，使学生学会学习，增强学生取长补短、互相学习的能力，能够充分调动孩子写字的积极性，使学生可持续发展成为可能。

三、多元展示，人人获取成功体验

心理学的研究表明，学生的天赋不同，生长环境不同，个人经历不同，因此，个体差异是客观存在的。因此，教师不能要求学生整齐划一，齐步前进。用"同一把尺子衡量所有的学生"显然是不公正的，这样必然会伤害他们的自尊心。教师应该明白，评价的目的是激起学生继续认真写字的积极性，而不是评出谁是写字的成功者，谁是写字的失败者。

对学生写字作业的评价要公开、公平、公正，要让学生既看到自己的进步，又看到不足，写字评价中的激励措施是为了每个学生能写好字，因此，将学生写的字当成成果来展示，激励学生的成就感，激发学生写好字的兴趣和信心。具体做法：每学期选取班级内学生写得优秀的作品在学校宣传栏进行展示，发挥学生的榜样示范作用，使方块字的魅力滋润学生幼嫩的心田，让学生寻找其值得学习的地方，树立追赶的目标；每月选取有进步的学生的作品在班级"写字进步栏"进行展示，让自己和同学共享进步的喜悦；每月轮流展示学习小组中一位小组成员自己最满意的作品，同时考虑每个学生都有展示自己作品的机会。

这样，通过多元化的成果展示让不同层次的学生在不同级别、不同类别的竞赛中获得佳绩，体验成功，也使同学们感受到成功并不只属于那些写字优秀者。

（本文发表于《读与写》杂志2008年第9期）

加强师生"对话"的几种有效途径

在深化教育改革的今天，师生关系有了新的定位。语文新课程标准明确提出：语文教学应在师生平等对话的过程中进行。师生应相互接纳、彼此沟通，相互激励、共同提高。那么怎样才能更有效地构建起这种新型的师生关系呢？加强师生间的"对话"是一条有效的途径。我的做法是：

一、课堂上加强师生平等对话

旧课堂"教"与"学"的关系，呈现为教师是课堂的主宰，学生是知识的接收容器、虔诚的听众。新课堂强调"学生是课堂的主人"，教师应关注学生，尊重、信任学生，激励、鼓舞和唤醒学生，让他们能自主探究、合作讨论，使课堂学习成为师生心灵彼此敞开融洽对话的过程。

1. 平等对话共建民主氛围

"对话"没有贵贱、高低之分。权威的架子、命令的语气只会打消学生敞开心灵、情感交流的欲望，使"对话"中断，民主、平等的氛围才是进行"对话"的必要条件。

创设民主、平等的教学氛围，教师要放下架子，以真诚的态度与学生交流，让他们敢于和老师讲真话、实话。记得有一次我在课堂上范读，有位学生说我读错了许多字音，诚惶诚恐的语气与不容辞驳的事实，让我又羞又愧。第二天我便放下了师长的架子，诚恳地接受并纠正了上次的误读，当众宣布："这堂课，我先当回学生，请全班同学当老师，听我读一篇课文，找出我读错的字。"读后，学生毫不留情地指出我的错误，我在他们纠正下反复练习，终于"老师"们给我热烈的掌声。此后，我每次范读都做充分的准备，渐渐地，那种尴尬变少了。没想到，实实在在做了一回"学生"之后，威信反而大增，学生说我"坦诚，值得信任，没有架子"。教然后知困，学而后知不足，与学生真诚相待、民主平等对话，彼此都有了收获。更可喜的是，以后的每堂课，学生都特别认真，因为他们时时想当我的"老师"呀！

2. 平等对话满足被尊重心理

教师不能用陈旧的眼光去评判学生，任何的轻视和讽刺都可能让学生从此紧闭心灵之门，不再与老师真诚地交流。教师应积极支持并参与学生引发的问题讨论，满足学生被尊重的需要，用积极的评价使学生感受到"我能行"。我在课堂教学中坚持"无错原则"。允许、容忍、理解学生的出错，做到"让敢于发言的学生不带着遗憾坐下""对每个积极参与的同学都画上满意的句号"。

一次公开课上，我请同学有感情地朗读课文，可等了很久没人举手，仅有一个成绩很差但干什么积极性都很高的男生，不断地看着我，我就请他来试试："老师知道你怕读不好，没举手，不过没关系，老师很欣赏你的勇敢精神，重在参与，相信你一定行。"那位同学在我的鼓励下读得很投入，虽然有些地方出了差错，但同学们仍给了他热烈的掌声。这时，我说道："相信自己，并不比别人差，瞧，××同学不是成功了吗？"由于那位同学开了一个好头，接下来便出现了同学们争先恐后尽情表现的场面。教学活动是融"智慧碰撞、情感交流"于一体的师生对话，只有保护和满足了学生情感的需要，才会带来教育教学效果的提升。

二、课堂外加强师生心灵对话

教师只有与学生进行轻松、自然的心灵对话，才能成为学生信赖的朋友。课堂外是师生心灵对话的好时机。教师只要抓住这些时机进行对话，师生间就易架起心灵的桥梁。

1. 早上与学生见面时的对话

教师在校门口碰到刚进校的学生，可不失时机地和他们交谈。如："你今天穿得真整齐！""你自己来的，真棒！"诸如此类的话，让学生觉得老师可亲可敬，并能怀着愉悦与自信度过新的一天。

2. 课外集体活动时的对话

教师在参与学生课余活动时，注意跟那些不太合群、不善交往的孩子说些"悄悄话"，鼓励他们参与集体活动。而对那些比较活泼的孩子则通过"悄悄话"，培养他们互相帮助、尊重他人的品质，适时播下集体主义思想的种子。如对不喜欢参加集体活动的学生说："干吗不去跳皮筋？瞧！大家玩得多开心，多带劲，去一起玩！"学生一般会非常乐意地接受老师的建议。

3. 休息日校外偶遇时的对话

校外偶遇学生，这是培养师生感情，调节学生心理的好时机。教师可以询问学生在家的学习或生活情况，鼓励他们在校做个好学生，在家做个好孩子，在社会上做个好少年。如"你去哪里？星期天玩得快乐吗？""作业完成了吗？有没有碰到困难？"等，这样能让学生感受到教师如父母般的关怀，从内心感到温暖和亲切。

4. 利用电话和学生的对话

现在生活水平提高了，通信也方便了。每当晚饭后，教师可提起话筒，和学生对话。如："今天的课你听懂了没有？""今天班里谁表现得最好？"等。由于电话交谈，不是面对面的，学生没有约束感，往往会畅所欲言。教师不仅可以了解到学生的家庭生活，还能了解到班级各方面的情况。

三、纸面上加强师生情感对话

1. 利用作业评语和学生对话

教师在批改作业时写上几句话，如"进步了，很棒！""如果你把字写端正点，那就更好了！"前者给予肯定的评价，使学生受到鼓舞，增强前进的动力。后者对学生委婉地进行批评，比直截了当指出效果要好得多。

2. 利用心理日记书面对话

随着学生身心的发育和社会实践活动的增多，他们的心理、言论有一定的闭锁性。教师可利用心理日记，及时了解学生心灵深处一般不愿向别人吐露的想法，从而"对症下药"，进行心理疏导和自我教育。如，有位学生在日记中写了自己成绩很差，很想好好学习，可就是改不了自己的惰性。看后，我在他的日记中写道："读了你的日记，老师很高兴，因为从日记中我看到了你很想进步，我非常愿意帮助你。我想在咱班每月评一次进步生，希望你能以此为努力目标，严格要求自己，约束自己。如果你这样做了，老师相信你一定会不断进步，成为一名优秀生。"老师亲切的语言和为学生精心设计的前进目标，使学生产生了积极进取的动力，结果学生如愿以偿。从学生的心理日记中，老师听到了学生的心声，学生也从老师写给他们热情的、语重心长的话语中，体会到老师对他们的友好、尊重、理解和期望。老师的爱心换来了学生进步的信心；老师的真心消除了学生的戒心；老师的热心、诚心赢得了孩子们向真、向善、向美的纯真的心。

3. 利用纸条传情对话

在师生情感交流中，用纸条传达教师的鼓励、批评和劝告的话语，学生容易接受。当学生收到教师充满关爱的纸条时，内心会产生一股暖流，生出几分激动，流露出些许感激之情。如我给某学生的纸条："你的字写得很漂亮，作文也写得很棒，其他老师都称赞你，老师知道在你优秀表现的背后，一定付出了不寻常的努力。同学们都把你当作学习的榜样，还有许多人在追赶你，你可不能松劲哟！"这小小纸条犹如给学生点了一把火，又似快马加了一鞭。在师生间利用纸条进行传情对话，能增进师生间的情感，使学生与老师的心贴得更紧。与差生的对话，力求寻找其闪光点，帮助他扬起自信的风帆。同样，教师给学生写纸条，学生也会给教师写纸条。去年我刚从杭州挂职锻炼回来，就有学生塞我纸条："老师，我们好想你哟，你能不能向我们介绍一下在杭州的故事？"我满口答应，学生兴高采烈，交流自然。

师生的平等"对话"，心灵间的"对话"，情感上的"对话"，是融洽师生关系，沟通师生情感的一条途径。但"对话"要轻如丝丝细雨，柔若习习春风，又好似涓涓细流滋润学生的心田。苏霍姆林斯基说过："教育，首先是关怀备至地、深思熟虑地、小心翼翼地去触及幼小的心灵。在这里，谁有耐心和细心，谁就能取得成功。"让我们通过饱含爱心、耐心和细心的"对话"去打动学生的心弦，使校园不只是成为学习知识的场所，更是师生"对话"的乐园、学生精神的家园。

（本文发表于《读与写》杂志2009年第1期）

融心理健康教育于语文教学之中

在工业化社会正迅速地向信息化社会转型的时代，人们的需求层次也随之发生着巨大的变化，其文化观念、生活方式、思维意识、需求空间都与日俱变，尤其是网络的兴起，世界变小了，"地球村"的概念，促使人的生活节奏加快了。一方面是人们精神需求的层次越来越高，在对情感的真挚性、对工作的丰富性、对管理科学内容的价值多元性以及对人生体验的自主、自立与自在性表现出强烈的需求；另一方面是人们内心的需求与社会的巨变冲突日益激烈，给人们带来了巨大的心理压力，心理负担很重。

这些现象在年轻人身上表现得极为明显，小学生中也极其普遍。

有资料表明，在我国有1/5左右的儿童青少年都存在着诸如厌学、逃学、偷窃、说谎、自私、任性、耐挫力差、攻击、退缩、焦虑、抑郁等种种外显和内隐的心理问题，这些心理问题不但严重地影响着儿童青少年的心理健康，而且严重地影响着学校教育任务与教育目标的实现，对社会产生深远的负面影响。因此，培养学生良好的心理素质是每一个老师义不容辞的责任。语文教师更应大力承担这一任务，这是由语文学科的综合性特点决定的。小学语文教材中不少课文涉及自然现象、社会生活、人际关系等，作为一名语文教师，我认为在语文教学中运用心理健康教育理论，对学生进行心理教育，可以培养学生的自信心，激发学生潜能，提高创新能力和语文素养，从而达到"润物细无声"的效果。

一、建立民主的师生关系，在宽松和谐的氛围中进行心理健康教育

要求学生心理健康，老师就得是一个心理健康的人。老师的教态和心态直接影响课堂的心理气氛。很难想象一个苦着脸、语气平淡、毫无热情的老师会有一群热情开朗的学生。教师应充分认识到自己对学生心理健康的重要影响，培养自己的良好心境，带着乐观的心态走上讲台——用充实的教学内容、美好的教学形象去吸引学生，用充满激情与感染力的未完语言去启发学生，用充满亲和力的表情和动作去打动学生，给学生创造一个轻松愉快的学习氛围，在这样的氛围中，学生容易产生阅读的兴趣，思维也比较活跃，容易在文章中发现有关的信息，而成功的感受会让学生变得自信。成就感和自信心就可能迁移到其他生活事件中，学生心理就会走向良性循环。营造了一个积极的、互相帮助的、关怀的环境，不管你以何种身份去接近学生，相信学生的心理负担也就不存在了，各种学习活动也能顺利开展了。通过教师对学生的爱，使学生的心灵得到感化，为塑造学生健康的人格，建立正确的人生观、价值观奠定基础。

二、挖掘教材中的真善美，在感悟文本中进行心理健康教育

小学语文教材涉及面广，思想内容丰富，不少课文中都包含对学生人格训练或智能训练的因素，是进行心理健康教育的重要资源。教师在备课和课堂教学过程中应充分挖掘和利用这一资源，将心理健康教育渗透在语文教学之中，以培养学生健全完善的人格和积极健康的心理素质。

1. 培养学生诚实守信的健康心理

教育学生学会做人是素质教育的重要内容之一，而诚实守信又是做人的根本。因为只有诚实可信，才能取信于人，别人也才乐于与之合作。小学语文教材中有不少反映诚实守信的心理品质的内容，教学时应适时渗透教育。如在《去年的树》一文中，讲述了一则感人的故事：小鸟和大树有个约定，明年的这个时候小鸟还要唱歌给大树听，结果，当小鸟第二年春暖花开又回来时，却发现不见了大树，她几经周折，最终找到的却是由大树制成的火柴点燃的灯火，鸟儿睁大眼睛，盯着灯火看了一会儿。接着，她就唱起去年唱过的歌儿，给灯火听。唱完了歌儿，鸟儿又对着灯火看了一会儿，就飞走了。这不就是诚信品格的最好说明吗？通过教学，使小鸟那种诚实守信的人性美在学生心中留下了深深的烙印，从而也达到了渗透心理健康教育的预期目的。

2. 培养学生宽容大度的健康心理

对人宽容是一种美德，是一种有涵养的外在表现。具有宽容心理的人，一般不斤斤计较，活得洒脱，受人敬重。怀有嫉妒心理的人，心胸狭隘，见人胜过自己就眼红，往往在背后使手腕，或说别人的坏话，或加害于人，将自己置于不良心态之中。这种不健康的心理于己于人都是不利的。作为教师，我们有责任教育学生避免产生这样的不良心理，培养其宽厚待人的健康心理。如在讲《将相和》时，组织学生对廉颇的行为进行

质疑、释疑，再组织学生自由设计表演课本剧。表演后，我又以请他们对"廉颇""蔺相如"说点心里话为题，激励台下的"小观众"对剧中人物自由评价、各抒己见。这样，在阅读探究中，在表演活动中，在畅所欲言中，引导学生深刻理解文中两位人物的个性品质，并适时巧妙地对学生渗透知错就改、宽容大度的心理教育。

3. 培养学生热爱生活的健康心理

《火烧云》一文描绘了晚饭过后，火烧云"上来"时瞬息万变的壮丽奇景。作家萧红借助丰富的想象，把读者带入了美好的意境。学习这样的课文，注重引导学生分析文中美的形象、美的语言、美的意境，并让多媒体进入课堂，在轻快的音乐声中重现火烧云变幻莫测的奇观。在体会大自然奇光异彩、千姿百态的同时，要让学生明白，作者之所以敏锐地捕捉到了生活中这些稍纵即逝的镜头，是因为她具有丰富细腻的情感，心中充满了对自然、对生活的挚爱。

美学家蒋孔阳先生说："一个人在生活中发现不了乐趣，生活对这个人来说就没有意义；一个人在工作中发现不了乐趣，工作对他来说就会痛苦，他就不可能有所创造和发明。"我们要激发学生对生活的热爱，使他们发现平凡管理科学中的情趣，感受艺术的美、自然的美、生活的美。当学生有了对生活的感情后，就会发现生活是美好的，从而使学生心灵净化、情趣高尚。老舍先生在《养花》一文中这样写道："有喜有忧，有笑有泪，有花有果，有香有色。既须劳动，又长见识，这就是养花的乐趣。"生活的乐趣不也如此吗？学了这篇文章，我指导学生依照课文的结构写写自己的爱好。学生们兴致盎然，有的写集邮的苦与乐，有的写做模型的不易与欢喜，有的写看书，有的写看电视，甚至有学生写起了学习的乐趣。当学生找到了一向被他们认为苦不堪言的学习、考试的乐趣时，他们能不热爱生活吗？因此引导学生在丰富的音画情境中反复朗读、背诵，在反复朗读中积累语言、深化感悟、丰富情感，让积极向上的心理品质随风潜入夜似的沁入了学生的心田，以此渗透心理健康教育。

三、运用恰当的教法，在多样的教学活动中进行心理健康教育

1. 讲授方式多样，培养学生乐学情绪

乐于学习，体会到学习的乐趣，没有学习上的心理压力，是学生心理健康的一个重要标志。要使学生成为"乐之者"，教学方法很重要。学生的心理特点是求新意、求变化，在教学中只有符合他们的心理特征，采用灵活多变的教学方法，才能保持学生的长久兴趣。例如课文教学可以采用讲读、自读、讨论、辩论等形式，而且要关于同中求异，不让学生因形式雷同而厌倦；课外阅读可以带学生去阅览室，还可以读后写读书笔记进行全班交流；课前的口语训练形式也要常变常新，可以安排叙事练习、命题演讲、诗词鉴赏、成语介绍等。在变化中保存学生的好奇心，在促进学生语文学习的同时也有助于培养学生的良好思维品质和创造精神，对身心的健康发展有明显的促进作用。

2. 提倡自主探究式学习，培养学生主体意识

在学科教学中尊重学生的主体地位，对塑造学生的健全人格起着重要的作用。为此，在语文教学中，我采取了自主学习的教学方法。每学一篇新课文，都让学生采用自己喜欢的方法学习自己喜欢的课文内容。这样做，操作起来比较困难，但可以充分挖掘学生的潜能，让他们去动脑、去说。这样可以让他们认识到自己是学习的主人。

3. 采用合作学习，培养学生合作精神

在平时的教学中，我经常采用小组合作讨论的学习方式，合用意识是一种重要的心理品质。这种培养主要体现在解决问题时，都是以"组"为单位进行的。组小的只有两人，多的有十多个人。一般按问题的难易，分成各种小组进行讨论解决。在解决问题的过程中，让学生体会到合作的重要，不仅问题越讨论越明朗，表演课文也必须分配好角色，劳动更需要分

工合作……学生在合作中感受到合作的可贵。

当然，语文教学中渗透心理健康教育，并不能完全代替科学的、系统的心理健康教育课程。但是语文教学中渗透心理教育，能有效去除心理健康课的人为痕迹，而起到"润物细无声"的效果。既增强了语文学科的魅力，又贴近学生的心理，这不是语文课追求的理想境界吗？

（本文发表于《素质教育论坛》杂志2009年第2期）

凸显"五性"，优化作业设计与布置

2009年3月，我们随机抽取了某县三所小学的58位教师进行调查，结果发现，有87%的教师轻视作业设计与布置，投入作业设计中的精力和智慧微乎其微。作业设计与布置这一环节一直被许多教师有意无意地轻描淡写——"忽略"了。原因是多方面的，有学生教辅资料的充盈，有教师对待作业的轻视，有评价命题者理念的陈旧等。作业是教学的重要环节，是巩固知识的重要手段，是了解学生学习过程、评价学生学习效果、激励学生学习的重要方式。

著名特级教师于永正曾说过，作业设计要以学生发展为本，兼顾基础知识的巩固与能力的发展，处理好全面发展与因材施教的关系，让学生在练习与评价中获得满足、愉悦和成功的体验，对后续学习更有信心。为更好地顺应新课改，我们在实践研究中发现，每一位教师如果能够重视每一次作业的设计与布置，并从以下"五性"进行凸显，就会取得事半功倍之效。

一、凸显层次性，满足学生差异需求

新课程观认为，每个学生的学习方式，本质上都有它特殊性的一面。我们要尊重每一个学生的个性，承认学生在个性、认知水平、学习能力等方面存在的差异。不同的学生在学习同一内容时，实际具备的认知基础和情感准备以及学习能力倾向不同，也就决定了其对同样的内容、任务的学习速度和掌握它所需要的时间及所需要的帮助不同。如果教师在设计布置作业时，要求所有的学生必须在同样的时间、运用同样的学习条件、以同样的学习速度掌握同样的学习内容，并达到同样的学习水平和质量，就必然造成有的学生"吃不饱"，有的学生"吃不了"，有的学生根本不知从何"入口"。因此，教师在设计与布置作业时，必须凸显层次性。

凸显层次性，就是教师根据学生的实际，体现因材施教，分层匹配的思想，采用灵活多样的方法，因班而异，因人而异，让不同层次的学生有不同的学习表现。当然，要对学生现有知识水平和能力结构进行科学的分析研究，主张量力而行，从减轻学生的学习负担和心理负担着手，致力于调动学生的学习主动性和积极性，激发学生自主参与。要有梯度和区分度，分开层次，不拿同样的作业去对待所有的学生。

例如，我们对某些学习有困难的学生，适当减少他们的作业量或适当降低作业的难度，让他们做一些抄写、简单动手、有趣味的作业，一方面使这些"后进生"易学、乐学，另一方面也解决了他们"吃不了"的问题。对学习能力较强的学生适当拔高要求，设计一些积累语言文字、扩展课外阅读、提高动手操作能力等方面的作业。

又如，设计让学生用"田野、风筝、小草、花儿、柳树、燕子、小朋友"一组词描写春天的作业时，我们要求后进生只需自主选择其中的两个词语来描写春天即可，中等生可以自主选择其中的三个或四个词语来描写，而对于优等生则可以把所有的词语都用上来描写春天。

二、凸显精练性，体现质高量精要求

相当一部分教师认为，只要让学生"多做题"就能提高教学成绩。其实学习心理学研究早已表明，熟能生巧，熟也能生厌、生笨。"多做题"，一方面加重了学生的课业负担，另一方面使学生陷入"模仿+记忆"的学习误区，导致学生高阶思维能力受到压抑而难以显露锋芒。美国教学问题专家哈里斯·库柏研究表明，作业在改进学生的学习技能、发展学生的自导性和责任心等方面有正面功效，可是，只注重量而不重视质的作业负面效果更明显，危害更大。只重量而轻质，会压垮学生，并使他们感到厌烦，没时间去从事更为主动的追求，并可能导致学生为按时完成作业而作弊或抄袭，或草草应对。因此，教师在设计与布置作业时必须凸显精练性。

凸显精练性，就是教师在设计布置作业时，要抓住有代表性、典型性的作业题目，做到"练一题管一类"，力求举一反三，以少胜多，做到质高而量精。这样既能保证学生的学习效果，又能减轻学生过重的课业负担，学生有更多的精力投入现实的富有探索性的作业中去。

我们在教学时，课堂内一般都要留出10分钟用于学生做作业，作业题都是教师根据教学内容自编的，一般也在五题之内，题型各异，当堂完成，当堂批阅。课外作业，实行总量控制，三至六年级书面作业都不超过1小时，难易适中，所选作业题目做到具有代表性、发展性、基础性、层次性。作业布置我们做到"三不""一杜绝"，即不布置学生已经会做的和机械重复、大量抄写的作业，不布置与课堂内容脱节的作业，不布置难度过大学生无法做出的作业，杜绝惩罚性的作业。

三、凸显生活性，让学生主动乐意去做

教学源于生活，归于生活。课堂知识需要回归生活经验，课堂理性需要达成实践智慧，课堂情感需要贯穿生活感悟。教育心理学研究表明，当学习的材料与学生已有的知识和经验相联系时，才能激发学生学习和解决问题的兴趣。教师要结合鲜活的生活素材，将原来单一、乏味的题目放置在生动、有趣的情境中，使那些"僵硬的知识""知识形态的知识""死的知识"变成"活的知识""有生命的知识"，让学生感到那些作业题不再是板着面孔出现。因此，教师设计与布置作业应凸显生活性。

凸显生活性，就是教师设计布置作业时，把抽象的枯燥的作业转为生

活习题，把学习知识与现实生活联系起来，让作业成为沟通教学与生活的桥梁，让作业生活化、社会化。

例如一次我在教完《妈妈，我想对您说》一课后，就让学生对自己的妈妈说说心里话，发现学生把自己的情感淋漓尽致地表现出来，有一吐为快的感受，效果很好。

又如，我们学校大多是留守学生，在家里跟着爷爷奶奶外公外婆生活，娇生惯养，过着衣来伸手，饭来张口的日子，在社会上缺乏交际能力、处事能力，不懂得为他人着想。针对这些情况，我们有目的地精心安排了一些作业内容，利用作业适时对学生进行教育。利用"母亲节"，让学生为远方的妈妈写一封信或做一张贺卡附上小诗献给妈妈。"重阳节"，让学生为家里的爷爷奶奶外公外婆过节，让学生在完成作业的过程中，受到关心他人、尊敬长辈的教育。当听到一声声"这样的作业我们喜欢"时，我们感受到了作业生活性带给语文学习的活力。

四、凸显合作性，促学生高效完成

有这样一个调查，当中国孩子和美国孩子都同样遇到一个难题的时候，中国孩子会一人埋头苦想，而美国孩子则会几个人分工合作，这样谁更容易得到答案呢？可想而知，美国孩子。

实践证明，合作性作业是发掘学生学习的自主性、协作性和创造性的有效途径之一。它不仅强调作业形式上的互助，更注重学生与合作成员的协作精神、团队观念以及荣辱与共、和谐发展的情感体验。新课程的生成性、建构性，也要求学生必须加强合作，学会合作。

例如，我们在教学《我的战友邱少云》一文后，为了让学生更准确地体悟特定历史时期英雄群体的内心情感和精神追求，加深对课文的理解时，设计了"走进抗美援朝"主题作业，让学生寻找有关资料。而该资料的涉猎范围十分广泛：按时间顺序有战前、战中、战后；按地点分有国内、朝鲜、国际之别。因此，学生只有分工合作才能完成。另外，资料搜集途径也决定了学生之间需要配合协作，查阅书报、收看电视、上网浏览、人物咨询等方式，非一个人的条件和精力所能及。

又如，在《倔强的小红军》一文里，我们设计了"小鬼为什么说谎骗陈赓，而不吃他的青稞面？"学生先结合生活体验与有关长征情形的知识大胆猜想，然后在小组合作中各抒己见验证猜想。再如《田忌赛马》里面，当孙膑出招"以下对上"后，齐威王真的败局已定？对于孙膑，为避免失败，他该预先想好哪些对策？出现这些问题后，教师布置学生以小组为单位自主摆一摆，议一议，出谋划策，实在思而不得时再求外援。当然，教师设计布置合作性作业时，要注意在学生思维徘徊时要巧妙诱导，在认知局限时要精心启发，在思维滞塞时要适度点拨，在信息源匮乏时要适时提供信息，这样才能收到满意结果。

五、凸显实践性，使作业更开放有趣

苏联教育家苏霍姆林斯基曾经说过："人的内心有种根深蒂固的需要——总感到自己是发现、研究、探索者。"作为教学工作者，一定要发现、鼓励、发展学生的这种需求，让他们的个性得到充分的发展。实践就是一种最好实现途径。它也是连接课堂与社会生活的桥梁。教师要充分利用现实生活中的教育资源，优化学习环境，设计与布置实践性作业。

实践性作业，使作业的内容体现个性化、生活化和社会化，作业的形式强调开放、探究和合作，作业的手段追求多感官、多角度，让学生动起来，使作业活起来，促进学生在生活中学习，在实践中运用，在开放中创新。主要通过学生谈一谈、说一说、想一想、写一写、演一演、问一问、查一查、画一画、做一做的作业，让学生在这些作业中巩固知识、扩大视野、开拓思维、提高能力。

例如，教师布置学生书画、练笔等作业，规定在指定的时间内完成，并由学生自己张贴在宣传窗内，师生共同欣赏、评析，最后评出若干名"书法家""小画家"和"小作家"。还有可以通过设计布置讲故事、调查汇报、辩论会等作业。

又如，学生在学了一些故事性很强的课文后，我们则让他们排演成课本剧、续编故事；学习朱自清的《春》之前，让他们去观察春天；学了《刻骨铭心的国耻》之后，让他们上网查资料还有哪些国耻……应该说，比起常规的抄写练习，难度大得多，可是完成的情况却比想象的好许多，学生不但不把它们看成是负担，按时完成，而且还花了很多时间，把他们自己的作业完成得与众不同，独具匠心，可以说以做作业为乐。因为我们在作业设计的同时，是从学生的兴趣出发，根据学生兴趣爱好的特点，达到我们一般做练习才能达到的效果，也可以说是"条条大路通罗马"。因此，也将学生从单一的写字中解放出来，不但激发了学生浓厚的作业兴趣，而且培养了学生动手、动脑、想象、思维等多方面的能力。

总之，优化作业设计与布置是个值得更多深入研究的永恒的话题。我想，只要我们真诚地投入，真正确立以生为本的思想，相信我们终将欣赏到一路山花艳丽，享受到一路花开的芳馨。

谈孔子"学""思""习""行"学习法

被世人尊为至圣先师、万世师表的孔子，其为人处世之道我略知一二，其他闻知甚少。近年来，我在学校开展儒家校园文化建设中，承担了学校读经教学，借机系统研读了《论语》及有关孔子的书籍，让我深深地感受到《论语》的博大精深，孔子的圣贤智慧。孔子一生倡导善"礼"的德化社会与崇"仁"的德化人生；奉行"己欲立而立人，己欲达而达人"（《论语·公冶长》），"己所不欲，勿施于人"（《论语·颜渊》）的"忠恕之道"；阐明人不仅要"仁民"，也要"爱物"的道理；主张国家要实行"富之教之"的德政等给我留下深刻印象，同时他提出了诸多的教育教学方法，特别是"学"（博学多问）"思"（学思结合）"习"（学习结合）"行"（学行结合）等学习方法给我留下诸多启示，我论述如下：

一、"学"：博学多问

　　"学"是一种认知过程。在这一认知过程中，孔子特别强调博学。他说："君子博学于文，约之以礼"（《论语·雍也》）；"博学而笃志，切问而近思"（《论语·子路》）；"多闻，择其善者而从之，多见而识之"（论语·述而）；"多识于鸟兽草木之名"（《论语·阳货》）。显然，孔子认为博学应包括多问、多闻、多见、多识。我们可以知道，这"四多"就是孔子认为博学的基础，也就是说要善于从自己的感觉或前人的经验中去获得知识，才能达到博学的地步。

　　我统计过《论语》一书中提及"闻"字共有59处，论及"见"字共有67处，从这些数字我们可以看出孔子是个重视多闻、多见的人。他说的"博学于文"的"文"，在当时主要是指古代历史文献，即《诗》《书》《礼》《乐》《易》《春秋》六艺之文，按现在的理解"文"就包括文学、历史、礼仪、音乐理论、社会科学、自然科学等多方面的知识。孔子认为这些知识分属于不同的学科，有区别，又有联系，倘若只知其一，不知其他，势必孤陋寡闻，难成学业与大事。我们从他不仅精通诗、书、礼、乐，喜谈《周易》，而且对夏、商、周的天文历法等都有所研究，知道孔子是一个博学大师。

　　孔子坚信博学多问是求知的有效途径。他"入太庙，每事问"，处处留心学问，不仅虚心求教、态度诚恳、恭敬庄重，而且做到"敏而好学，不耻下问"（《论语·公冶长》）；"以能问于不能，以多问于寡"（《论语·泰伯》）；认为"三人行，必有我师"。我国古代多问善思的典型不胜枚举，如战国时期杰出的思想家、著名诗人屈原就是一位勤察多问的学者，他在《天问》一书中，一口气提出178个为什么，可见观察之细。明代学者黄宗羲则认为："学贵知疑，小疑则小进，大疑则大进。疑者觉悟之机，一番觉悟，一番长进"（《宋元学案》），他把学识与多疑多问的辩证关系讲得入木三分。

其实，随着社会的开放，信息的横流，"博学多问"在如今更具有现实意义。如果我们老师自身浅薄、胸无点墨、不学无术，岂不是床底下放风筝？很难给学生以人格上的感召力。如果学生知识狭窄、见识短浅、话不成句，那么怎么继续学习，怎么在激烈的社会竞争中立于不败之地？因此，我们从孔子的"吾十有五而志于学（《论语·学而》），发愤忘食，乐而忘忧，不知老之将至（《论语·述而》）"的学习志气，再到人人仰视的李白"吾五岁诵六甲，十岁观百家，十五好奇书"的学习锐气，以及唐宋八大家之首的韩愈"口不绝吟于六艺之文，手不停披于百家之编"的学习浩气，再一次印证了一个道理：博学是一个人成功的重要因素。如果我们平时能静下心来读一读左拉的"生命的全部意义在于无穷地探索尚未知道的东西"，仔细地品一品爱因斯坦的"人的差异在于业余时间"，琢磨琢磨金庸先生说的"我一生最大的乐趣是读书"的话语，再读一读奥斯特洛夫斯基"当回首往事的时候，我们不至于因为虚度年华而痛悔，也不至于因为过去的碌碌无为而羞愧"时，那么一定会挤出像海绵里的水一样多的时间来，让自己在博学多问中度过，让心灵得到滋养。

二、"思"：学思结合

"思"是客观存在于人的意识中的思维活动。学思结合，就是把认知活动和思维活动结合起来。孔子强调学思结合，就是通过博学、好问、多闻、广见获取大量感性认识，然后经过分析、整理、归纳，提高到理性认识。孔子提出"学而不思则罔，思而不学则殆"（《论语·为政》），这就是说，如果只学而不思考、囫囵吞枣，纵然是海阔天空，也难免一知半解，茫然困惑；反之，仅限于思考而不以所学为根据，那必将陷入空想无益的危险境地。所以他又说："吾尝终日不食，终夜不寝，以思，无益，不如学也。"（《论语·卫灵公》）在他看来，学是思的基础，思是学的深化；学思结合就是力求学思"一以贯之"。这种"学""思"并重的学习方法是很有进步意义的。

　　我们经常会听到有人讲这样的故事：那时，孔子跟师襄学弹琴，先学了一支曲，反复练习了十几天还不停。师襄对他说："这支曲子你已经学会了，再学一支新的吧？"他答道："还不行。我仅仅学会了弹这支曲子，还没有把握住技法呢！"于是又专心致志地练了几天，师襄对他说："曲子的技法你已掌握得相当准了，可以学别的曲子了。"孔子说："我还没有体会到曲子的志趣和神韵呢，还是让我再练几天吧。"又过了些时候，师襄对他说："你已经领会了志趣和神韵，可以学新的曲子了。"孔子又认真地说，"我还没有悟出作曲家是个什么样的人呢"，于是仍旧弹练。师襄在旁边认真地听后说："听你的琴声，我好像看见有个人在严肃地思考，快乐地抬头遥望而怀念着远方。"孔子兴奋地说："我已经体察到作者的为人：黑黑的面孔，高高的身材，两眼仰望远方，一心想着以德服人，感化四方。除了周文王，还有谁能作出这样旷达的曲子呢！"师襄听了，既吃惊，又钦佩，忙向孔子行了个礼，高兴地说道："一点儿也不错。我的老师传授这支曲子时说过，此曲名叫'文王操'，你对音乐的理解太正确了！"为准确理解和把握琴曲的深邃内涵，孔子孜孜以求，此例即为典型。

　　孔子认为，在"学"与"思"求取真知的过程中，切忌"毋意、毋必、毋固、毋我"，也就是不要主观臆想，不要作绝对化的断定，不要固执己见，不要自以为是。这种实事求是、充满辩证法的治学态度，是很值得我们学习的。

　　在倡导学习型社会的今天，只要谈及"思"便成为大家津津乐道的话题，因为学思结合已彰显出无穷的魅力。如在学校开展校本教研中，积极倡导教师撰写教后反思，学生写学习心得体会等，我认为都是在引领学习者走"在学中思，在思后学"，"在反思中学习，在反思中成长，在反思中提升"的路子。因为反思是一种真切的学习内需，一种真诚的学习要求，一种真爱的学习体现。在学习时，如能时常反思自己的行为、态度，并及时调整，那么定会尝到学习的乐趣，享受到反思的甜美。

　　记得有一学生曾向我讲述：过去他在学习中遇到难做题目时，总是没有耐心，自我安慰：这个知识点也许并不重要，算了算了。但是日积月累，不得了了。考场上的感受是："哪壶不开提哪壶"。经历过多次失败的教训，他对此感触颇深，所以现在时常提醒自己，要边学习边思考，把抽象的不理解的问题及时拉回，耐心询问，用心思考，切实做到"使其言皆出于吾之口，使其意皆出于吾之心"，这样才有备无患，再遇之，游刃有余。

三、"习"：学习结合

"学习"在《现代汉语词典》中解释为从阅读、听讲、实践中获得知识或技能。在我国古代，"学"与"习"一般分开使用，分别代表"学"与"习"两层含意，即人们获得知识过程中的两种活动。"学"，是认知的过程，"习"是对认知的温习与重复过程。"学习"就是不断地认知和重复，以便达到"融会贯通""学以致用"的目的。

孔子把"学思并重"看作是求得知识的必要步骤，同时也主张"学"与"习"的结合。据记载，孔子是我国最早将"学"与"习"联系在一起，并作为巩固、检验所学知识的重要举措。他在《论语·学而》中说："学而时习之，不亦说乎。"虽然没有将"学"和"习"直接连在一起组成一个复合词，但仍揭示了"学"与"习"之内在联系，即"学"是"习"的基础与前提，"习"是"学"的巩固与深化，强调了学习过程中的知行统一，以及由此所获得喜悦的情感体验。

记得那是在初中时，我对数学很感兴趣，为了学习和巩固课堂上的内容，总会在第一时间内找到相关的习题进行练习。结果在多次练习中，对教师所讲知识的理解越来越深刻，当然相关知识的内涵与外延也越来越清晰。在这一过程中，我虽然没有老师的授意与激励，但兴致依然浓厚，充满快乐，最后成效出色。也许很多人在不同的时期也碰到类似的学习过程，这不都印证了孔子所说的"学而时习之，不亦说乎"的道理吗？

其实，上面找相关习题进行练习包含了孔子提出的"温故而知新"（《论语·为政》）。做本课老师讲授的知识点是入于"故"而做同类而不同题是出于"新"的道理，它揭示了新旧知识的继承性与学习前知识成果的重要性。孔子提出"学而时习之"可以"温故而知新",其实质是将"学""习""知"三者相结合,融为一体了。

在竞争激烈、知识更新瞬息万变的今天,各类学习、培训层出不穷,如果我们只重"学",而轻"习",就很难感受到学习后的快乐。如近年来开展教师新课程的学习,组织单位通过邀请专家教授名师来校(一般设在县区条件较好的学校)讲座、授课,一场又一场,录像加投影,精彩无限,尽管听课者听得如痴如醉,但回到学校,面对简陋的教学设施,素质参差不齐的学生,很多教师很快又回到培训前状态。所以有人打趣道:"在场听听很感动,回家想想很激动,回到学校原封不动。"我们想,这种只"学"不能"习"的活动中,并没有给学习者带来多少实质性的帮助,那能让学习者产生兴趣吗?能让学习者继续坚持下去吗?不能。那只会产生质疑,甚至抵触。在学习中,大家只有时时注意"学"与"习"结合,学后及时复习、尝试、交流、探讨、分享,将所学知识融合到自己的实际体验中,那才可能事半功倍,乐此不疲。

四、"行":学行结合

"行"指受思想支配而表现在外面的活动。学行结合,要举一反三,融会贯通,学以致用,也就是学会知识的迁移,做到理论联系实践。孔子不仅提出"学思结合""学习结合",而且强调"学行结合"。在他看来,"学思结合"和"学习结合"是认知过程的重要阶段,是实践前的准备,而对学习效果的验证并实现学习的目的则在于实践,因此,"学"必须与实践或行动相结合。孔子认为,学习的目的在于运用,在于服务社会。在这一方面,孔子认为自己做得还不够。他说:"文莫吾犹人也。躬行君子,则吾未之有得"(《论语·述而》)。意思是说在文献知识上自己大约和别人差不多,但在人生实践中做一个君子,自己还未达到。其实我认为这是孔子的谦虚说法。我们知道孔子在讲学时,学习的外延是生活,讲礼、讲政事、讲做人,总是习惯结合当时的时事让学生展开讨论,让学生在讨论中明辨是非，领悟做人的道理。

孔子重德胜过重才，重实践胜过重知识。如子夏特别喜欢读书，他就时常提醒他，不要念成书呆子。又如有感情地朗读教学，课堂上教师仅理论讲述怎么读，却不示范，不引导，学生不练习，不体会，那么朗读只能是纸上谈兵。所以有人常说"要让学生学会游泳，必须要让学生先下水"，就是同样的道理。

孔子认为君子应该"讷于言而敏于行"（《论语·里仁》），出言不妨迟缓些，但行动则要敏捷些。他不仅如此严格地要求自己的学识品行，而且也以此标准品评自己的弟子。例如，他对颜回能安贫乐道，虽箪食瓢饮，居处陋巷，却依然攻读不止，"不改其乐"，就一再表扬"贤哉回也"；而到白天也作夜寝、平日能言而不能行的宰予则斥之为"朽木""粪土之墙"；并非常感慨地说："始吾于人也，听其言而信其行；今吾于人也，听其言而观其行。"（《论语·公冶长》）可见，孔子是非常重视躬行实践的。

言行一致，学行结合，现在我们仍需强调。过去我们曾违背这一客观规律，片面追求升学率造成"高分低能"，"以学为本、因学论教"出现"唯学论"等现象都给我们留下惨痛的教训。如今，在全面实施素质教育，培养世纪新人之际，应积极倡导自主、合作、探究的学习方式，使学习书本知识与实践锻炼相统一。现代教育专家研究表明：人一生所需的知识如果是100的话，在学校阶段所获得仅占10%—20%，其余的都是在社会生活中学习实践取得。因此，转变学习观念、倡导"学行结合"的学习方法，是培养当今实用型、创新型人才的必然要求。

孔子提出的"学""思""习""行"学习方法，是我们中华民族灿烂的文化遗产，需要我们去继承，但是，时代在发展，社会在进步，任何一种方法都有它自身的不足和局限，需要我们在实践中不断地提炼升华，做到与时俱进，这正如笛卡尔所说的"没有正确的方法，即使有眼睛的博学者，也会像瞎子一样盲目摸索"。因此，我们在学习实践中，既要继承前人的优秀成果，又要不断地大胆创新，这样才能迎来教育"思想发展的大圆圈（螺旋）上的一个圆圈"（《列宁全集》第38卷第271页）。

网络技术在小学作文教学中的应用初探

　　小学作文教学是小学语文教学的重要组成部分，是衡量小学生语文水平高低的主要标志之一。但是一直以来，小学作文教学存在着教师怕教作文，学生怕写作文，作文教学效率低下的问题。究其原因，主要表现在教师过于强调作文知识的传授；教学手段单一，教学模式僵化；忽视了作文教学活动综合育人功能的开发。如何更新作文教学理念，改革课堂教学？我们认为，网络技术为小学作文教学提供了新的发展空间。网络技术引发了作文教学理念、教学手段、教学方式、教学内容、教学评价等诸多方面深刻的变革。网络技术以其信息量大、反馈快、交互性强等优势能有效激发学生写作兴趣，提高学生写作能力。为此，我针对网络技术在小学作文教学中的应用进行了一些有益的探索。

一、创设情境

　　心理学研究表明，小学生的思维特点是以形象思维为主，逐步向抽象逻辑思维过渡。在小学作文教学中，单纯依靠教师的语言描述，要求学生进行一定的思维创作，他们会感到很困难，或无从下笔，或言之无物。

　　创设情境是为学生提供一个完整、真实的问题背景，并以此启动教学，使学生产生学习的需要；同时情境又促使师生间产生不同层面的交流、互动，形成合作学习的关系，驱动学习者进行自主学习，从而达到主动建构知识意义的目的。

　　网络技术集声音、图像、图表、文字、数据为一体，当课堂中出现计算机多媒体技术和教学内容相融合的教学情境时，学生便身临其境，受到感染和启发，激发学习兴趣，达到寓教于乐的目的，从而使学习变得轻松愉快。我们充分利用网络多媒体技术，在课堂上，为学生创设一个真实、生动、丰富的作文教学情境，展示丰富多彩的现实世界。通过情境活动，使学生产生写作的欲望，明确写作的任务、内容、方法和途径等。利用网络技术，为教学提供了极其丰富的教学信息资源。取之不尽、用之不竭的信息资源，为学生创造性思维的培养提供了有利的条件。

如在"写一种动物"习作训练课时，要求把动物的外形和活动情况写下来。通过教师在写之前告诉学生有顺序、有重点地观察动物的外形特点和活动情况，如动物园里的猴子、孔雀、熊猫，家里养的小白兔、小花猫、大公鸡等，然后在课堂上写作，但这种以文字形式出现的例题方式并不适合四年级初学作文的小学生。但是，利用网络技术就可以突破时空、地域的限制，把现实生活的某些情、景、事、物搬进课堂，真实地展示给学生，为学生提供丰富的素材。如我们在指导学生写"我喜爱的猴子"时，我们让写猴子的学生回忆所见猴子的外形与活动情景，然后利用网络，生动真实地再现猴子的外形、活动情景，并附上相关介绍。学生通过单击键便可以选出自己喜爱的猴子与他们的生活习性、活动情景等片断，按照我们指导的方法，进行观察，口述和打字输入，学生学习兴趣很高。在这个环节中，多媒体技术（网络）的参与，使学生在教师创设的情境中，自主选择写作对象，兴致盎然，充分调动了学生情感，打开了经验闸门，降低了教学难度。

二、指导观察

观察是写作的基础，观察力的培养是小学语文教学的重要任务之一。在传统的作文教学中，由于各种因素的影响，教材上的一些训练内容有时无法落实。但在网络技术的帮助下，许多训练内容都可以形象地展现出来；同时，利用多媒体网络技术图、文、声、像的特点，调动学生眼、耳、脑等多种感官，吸引学生的注意力，提高观察的兴趣，从而训练得到实施。

如在"记一次参观活动"习作训练中，通常的做法是教师先组织学生到工厂或农村或博物馆等地，让学生亲身体验，亲自观察，然后指导作文，但往往是"活动中兴致勃勃，写作时无话可说"，究其原因就是观察不系统，体验没到位。活动不能重新组织，作文只能马虎了事。利用多媒体技术，教师可以将参观活动过程制成相应的软件，并在网络上合成再现，熟悉的画面能调动学生的情感体验，事物的特点可以让学生反复观察。

如我们在指导学生写"参观常山地质博物馆"时，通过学生现场观察、讲述回忆，教师再运用多媒体网络，再现地质博物馆各陈列室熟悉的画面。熟悉的画面，一下子把学生的注意力吸引住了，同学们兴趣盎然地观察陈列室内的地质资料、化石等。接着，又让学生动手操作电脑，按一定的观察顺序认真观察博物馆有哪些陈列室，先口述，再在电脑上打字输入。随后，让学生对自己感兴趣的陈列室进行观察，对难以理解的地方，通过定格、重播等方法指导细致地观察，他们可以通过知识链接了解有关地质变迁、化石形成等相关文字资料或图片。在这一环节中，由于充分利用网络的功能，学生始终处于主动探索、积极思考的主体位置，教师只是起到组织、促进的作用，充分体现了学生的主体性。

三、协作学习

在学习的过程中既有个体学习行为，又有协作学习行为。个体学习就是指学生在了解了课程结构后自定步骤和进度进行独立自主的课程学习，其间要根据课程要求，认真观察、充分想象、人机对话、电脑写作，使自己的口头语言和书面语言能力得到充分发展。学生学习课程的活动过程、习作都被系统存储在数据库里作为其他人学习、评价的参考资料。

如果在个体学习的过程中遇到什么困难，需要与同学讨论或需要采用小组协作方式进行学习。协作讨论、协作学习是指几个学习者组成学习小组来共同讨论完成学习任务，排除学习障碍。在协作学习过程中，学生通过讨论、交流，通过不同观点的交锋、补充、修正，加深每个学生对知识的理解和内化。

例如我们在教写一种动物"青蛙"的习作训练中，学生根据自己的兴趣爱好选择好不同的观察点（有的选青蛙的外形，有的选青蛙的冬眠，还有的选青蛙的进食等）后，我们按学生选择的不同观察点，将学生编成不同的学习小组，学生再根据显示屏上提供的提示边操作边学习，完全成了学习的主人。在这一环节中，学生在计算机的提示下，互相讨论启发，提高了对观察对象的认识，各自完成重点片断的描写，然后"人机交互"，输入文稿。

四、效果评价

传统的作文教学中，一方面，老师疲于修改习作，耗费了大量的时间和精力，但学生大多数只关心分数或等次；另一方面，学生从完成写作到讲评有一段较长时间的间隔。当教师讲评时，学生的兴奋淡化了，唤不起习作时的记忆和情绪，从而使作文教学收效甚微。由于计算机多媒体技术的运用，学生在作文教学中的被动地位发生了深刻变化，主体作用得到了充分发挥。教师利用网络将学生习作传到每一个学生的电脑屏幕上，让大家畅所欲言，各抒己见，互相交流，共同评议。通过相互评论及观摩他人的作文，既听取了别人的修改意见，开拓了思维空间，又看到了自己习作中的不足，取长补短。同时，在计算机网络帮助下，教师发现问题后，可与学生通过耳机进行一对一的直接对话，及时给予个别辅导。而且，教师可马上在计算机屏幕上审读学生的作文，学生也可当场看到教师调用的任何一篇作文，习作的优劣随时供师生共同鉴赏、讲评。有了及时反馈，及时调控，效果自然好得多。

运用计算机网络，大大优化了课堂教学，使学生在愉快的情境中积极地参与，充分展示了自主学习的优越性，有效提高了作文教学质量。另外，在新的教学模式中，教师通过课件的制作，运用计算机网络，为教师提供了灵活的教学方式，为学生的自主写作提供有利条件和广阔空间。同时，我们也发现，小学生模仿依赖性强，在网络技术下学生进行作文时易受多媒体或网络等牵制，束缚了一些学生有个性和有创意的表达。为更好地发挥网络技术资源优势、操作优势、分层教学优势、学生自主作文等优势在小学作文教学中的应用，如何最大限度地提高小学生的习作兴趣，如何全面提高学生的习作能力，还有待于进一步探究。

遵循学生心理，优化朗读训练

"读书百遍，其义自见""熟读唐诗三百首，不会作诗也会吟""读书破万卷，下笔如有神"这些古训强调诵读感悟，是我国语文教育传统优秀教法之一，对当今语文阅读教学仍有积极的指导意义。《语文课程标准》明确提出，各个学段的阅读教学都要重视朗读。要让学生充分地读，在读中整体感知，在读中有所感悟，在读中培养语感，在读中受到情感的熏陶。著名特级教师孙双金也曾指出："书声琅琅应当成为一堂好课的首要特征。"由此可见，朗读在语文教学中有着重要的地位。叶圣陶先生精辟地指出："吟诵就是心、口、眼、耳并用的一种学习方法。"探究学生朗读心理，对把书面的文字言语转换成明朗清晰的有声言语这一过程有着重要的心理学意义。

一、从心理学角度看小学生朗读的意义

1. 朗读符合学生言语发展的心理特点

心理学研究表明，小学低年级儿童发声的速度比对字的认知速度快。小孩咿唔朗读较默默阅读自然得多，如禁止儿童朗读，反而是不自然的事，因此学生阅读能力的培养是从朗读训练入手的。再说低年级学生的内部言语机制不完善，注意力不稳定，他们要依靠朗读时大声的言语来组织思维和依靠生动的语调来理解所读的东西，使自己对教材的注意力保持稳定，从而把书面文字的感知和它的含义联系起来，如果离开了朗读，就难以理解课文。再加以朗读养成有规则的眼动习惯，有音可闻，可以限制字句的重复，有利于

培养语言表达的流利性。教师在指导学生朗读课文的时候，要求学生读准字音，不添减文字，不读破词句，就是说要读通句子。学生在各种形式的朗读中，与字词多次"见面"，牢固掌握字的读音，强化识记字形，从而有效地识字、识词，反复地朗读，能使学生读得正确，读得流畅。

2. 朗读能唤起学生想象，激发情感，体验美感

学生通过对课文朗朗上口地反复吟诵，体会作者表露于字里行间的思想感情，易受感染，对情感熏陶起着潜移默化的作用；一些解释不清、难以言传的词语，通过朗读，可以意会，想象其情景，易于获得理解。朗读绝不仅仅是"口"的发音活动，同时包含着丰富的思维活动与情感活动。教师指导学生朗读的过程，是让学生品味语言的过程。如在教学《我的战友邱少云》一文时，通过指导朗读，让学生运用想象力，体会熊熊烈火在邱少云身上燃烧的危急和痛苦。再指导学生通过朗读，体会"我"对战友被火燃烧的极度痛苦焦急的心情。而此时此刻邱少云为了整个班，整个潜伏部队，为了这次战斗的胜利，像千斤巨石一般，一动也不动。让学生强烈地感受到邱少云的意志是何等的坚强，他严守纪律和勇于献身的精神让人钦佩。学生对邱少云的崇高精神的赞美，是认识过程，也是思维过程。学生不断提高认识，同时也发展了思维。

文章的讲解是分析，朗读是综合，讲解是钻进文中，朗读是跃出纸外；讲解是摊平、摆开，朗读是融贯、显现；讲解是死的，如同进行解剖，朗读是活的，视作品为生命；讲解只能使人知道，朗读能使人感受，得到情感、美感的体验。朗读的这种作用是语文课教学所独有的。在教材中有许多描写自然景物的文章，如《美丽的大兴安岭》《火烧云》《五彩池》《草原》等，都用优美的文字描绘出秀丽的自然风光。教学时，教师通过声情并茂地朗读，用声音再现画面，让学生进入意境，认识文中所描绘的事物的形状、颜色，感受自然的美，如《火烧云》"晚饭过后，火烧云上来了，天空的云从西边一直烧到东边，红彤彤的，好像天空着了火"。"霞光照得小孩子的脸红红的，大白狗变成红的了，红公鸡变成金的了……"

通过朗读，学生脑海出现：晚霞斜照大地的瑰丽的画面。教师把自己对作品的理解融入朗读中，感染学生，使学生入境入情，不但加深对课文的理解，更唤起美的共鸣。因此在语文教学中，通过朗读再现自然美，让学生从中感受自然美，能培养他们感受美、鉴赏美的能力，使他们树立起正确的审美观。

3. 朗读可增强记忆力

一般地说，默读主要是建立视觉与思维的联系，即边看边想，没有出声，而朗读发出声音，还加进听觉传入这个因素，建立听觉与思维的联系，有看与听的双重作用。同一篇课文，在朗读时除了通过视觉在大脑皮层留下痕迹外，读出来的声音刺激也同时进入大脑皮层的同一区域，加强这一痕迹，所以朗读起着看与听的双重加强作用，有助于增强记忆。朗读由于调动了多种感官，首先加深了记忆，且是在享受中自然加深记忆。原来，记忆不只是单靠眼睛和大脑，耳朵、舌头、口腔、喉咙也能记忆和帮助记忆。叶圣陶先生曾精辟地指出，吟诵就是心、口、耳并用的一种学习方法。"原来，记忆，倘离开了反复的朗读，是强记，不牢固的；而反复朗读，是不断地咀嚼享受，也自然易记，还记得牢。"熟读成诵就是这个道理。小时吟诵过的诗句、名句常自然地出于笔端，也时不时从嘴里冒出来，就是得益于少时的熟读背诵留下来的记忆痕迹。

4. 朗读有助于学生掌握规范的语言，有利于培养学生的语感

朗读用普通话读，读的课文又是规范的现代汉语，这有利于改造学生不规范的语音和句式，内化课文规范化的语言。语感是指对语言文字正确、敏锐、丰富的感染力，是一个人语文素质的核心要素。它是一种无形的东西，但它又非常重要，它是感性认识和理性认识的中介，它可以让你对语言的感受留下广阔的空间，使你达到某种意会的地步。但是语感不能空谈，只有通过朗读和说话才能获得，可以这样说，有些学生能迅速成长起来，是因为受到某种语感渲染的结果。增强语感对人的影响当然比干巴

巴的说教高明得多，只是我们注意不到罢了。朗读在培养语感方面有独特功能，它可以加深对语文的章节、语调、语气、语速、语脉乃至轻重徐疾的节奏、韵律的感受，不仅从思想感情上为之动容，而且无疑也能使行文增色。叶圣陶先生指出："熟读名文，就是在不知不觉中追求语言的完美，诵读的工夫，无论对语体、对文言都很重要，仅仅讨论，只是知识方面的事情，诵读却可以养成习惯，使语言不知不觉近于完美。"于是，朗读多少篇之后，多少次朗读之后，大量反复地含英咀华之后，说千道万也难讲清的语感、搭配习惯、语言规律等问题在不知不觉中迎刃而解了。随着语言技巧的提高，学生词不达意、言不及义的现象就越来越少。

二、结合朗读的心理学意义，优化朗读训练

1. 挖掘并激发朗读兴趣

朗读兴趣指的是学生从事朗读活动的主动性心理倾向和对朗读材料的内容及意义进行积极思考的心理倾向。常言道："兴趣是最好的老师。"美国著名的心理学家布鲁纳也指出："学习的最好刺激，是对所学教材的兴趣。"只有学生对朗读产生兴趣，喜欢朗读时，他们才会学会朗读。所以，要提高朗读水平，应该从培养学生的朗读兴趣入手。教师在备课时可根据材料的实际灵活设计合适的激趣方式。如教学《海底世界》一课时，可采用导语激趣法，教师出示海滨风景的投影片。对画面内容加以艺术的描述，引起学生对大海的兴趣，然后话题一转："海面上的景色如此迷人，那么，你想知道海底是什么样子吗？请同学们打开课本，把这篇课文放声朗读几遍，一定会从课文中找到正确的答案。"学习《小珊迪》一文时，又可采用情境激趣法，先播放配乐课文朗读录音，创设情境，再放手让学生自己去朗读课文，学生就会很快进入情境，起到事半功倍的效果。如教《刘胡兰》一文时，可采用分角色朗读激趣法，学生通过进入角色，使他们把心中的情与文中的人和事融为一体，读出各种人物的喜怒、凶善，读者绘声绘色，听者身临其境。在分角色朗读敌人与刘胡兰的一段对话时，扮演敌人角色的同学，读出了敌人在

共产党员面前奸诈、无能、穷凶极恶的丑态；扮演刘胡兰的同学，读出了刘胡兰英勇顽强、视死如归的大无畏革命精神。教室里听的同学都会被刘胡兰的话语所感动。学生对文中人物感情的把握也达到了自然感悟的效果。当学生中出现分散注意力的现象时，可采用比赛读来激起学生朗读兴趣。无论是男女生比赛读、分组比赛读、个别比赛读，都能调动起学生的好胜心理，学生们显得精神抖擞，读得积极性高涨，效果好。

2. 授之以"渔"，培养学生的朗读技巧

培养学生的朗读技巧要从停顿、重音、快慢、升降四个方面来训练。停顿就是语言进行中的间歇。停顿可以分为语法停顿、结构停顿和强调停顿三种。语法停顿一般可以用标点符号来表现它们停顿时间的长短；结构停顿一般可以用段落层次来表现停顿时间长短；强调停顿是句子中特殊的间歇，它是为了强调某一种事物，突出某个语意或某种感情，或者为了强调某种语气而在语法上不该停顿的地方做适当的停顿，或在语法停顿的基础上，变动停顿的时间。在《小壁虎找尾巴》一课中，老牛说："不行啊，我要用尾巴赶蝇子呢！""不行啊"的后面是逗号，要做语法停顿，表现出老黄牛伯伯的老实、持重、慢悠悠的语气。在"尾巴"的后面稍作强调停顿，可以突出下面老黄牛尾巴的用处。

在朗读的时候，句子中的某些词语从声音上还要加以突出。这种现象就是重音。它同停顿一样都是正确表达思想内容、真切抒发感情的重要手段。重音有两种：一种是语法重音，这种重音往往是自然重读的。另一种是强调重音，也叫感情重音，它是为了有意突出某种特殊的思想感情而把句子里的某些词语读得较重的现象。恰当使用重音，可以使语意更加鲜明。如《小马过河》中四次提到小马向河边跑去，但表达的思想感情却各不相同。第一次是"小马驮起口袋飞快地向磨坊跑去。"这句中"飞快地"重读，表现了小马第一次帮妈妈做事情时兴奋的心情。第二次是"小马听了老黄牛的话，立刻跑到河边准备蹚过去。"这句中的"立刻"应加以重读，表现小马很相信老黄牛的话。第三次是"小马甩甩尾巴跑回家"，这句的重

音应放在"甩甩尾巴"上，表现出小马听了松鼠的话，心里迟疑和为难。第四次是"小马跑到河边抬起前蹄……"，这里的"抬"字重读，可以表达出小马听了妈妈的话，受到启发，要自己亲自尝试小河深浅的决心。在各句中对"飞快地""立刻""甩甩尾巴""抬"所强调的重音各自侧重表现了小马兴奋、犹豫到决心尝试的心理过程。

朗读的速度对于理解课文的思想内容也是很重要的。快慢适当才能表达出作者在文章中所寄托的思想感情。《狼和小羊》一课中，狼说："你把我喝的水弄脏了！你安的什么心？"读这句话时，速度要稍快些，以表现出狼挑衅的语气，以及它凶狠狡诈的本质。当读到狼大声嚷道："这个坏蛋！说我坏话的不是你就是你爸爸，反正都一样。"要读得更快些、更高些，以表现出狼的气急败坏、恼羞成怒的样子。相反，读到小羊的话时，速度就要放慢些，声音温和些，以表现小羊的温文有礼和天真无邪。这样才能突出各自的本性以及作者对狼凶恶本质的憎恨和对小羊的同情。

语句里有了声音高低升降的变化，语音就有动听的腔调，抑扬顿挫搭配得当，听起来就更富有音乐美，更能细致地表达不同的思想感情和语气。如《东郭先生和狼》中，狼说："先生，求求你快一点儿！猎人一到，我就完了。"读这段话时，语气要下降，表现出狼在求救时虚伪狡猾的面目。再如狼从口袋里出来后说："先生既然救了我，就把好事做到底，让我吃了你吧！"读这句话时，要注意读得前低后高语气稍上扬，这样才能充分表现出狼得救后露出的凶相。

3. 尊重学生自悟自得

我国古代从孟子开始就主张读书"自得"。苏轼也说过："故书不厌百回读，熟读深思子自知。"学生是语文学习的主人，朗读教学当然应该以学生自己朗读、体会感情为主。文中的情感教师是难以讲授的。著名特级教师李吉林说过："老师的讲解分析不可能代替学生的主观感受……因此，我主张学生读得多一些，老师讲得少一些。"让学生自己反复诵读，成为朗读的主体，可以使学生真切鲜活地感受形象，更能引导学生体会作者的情愫，产生情感的共鸣，进而达到形象与感情融为一体，更好地品味文章所包含的思想感情及文章中语言的动态美。如《草原》一文，老舍先生以亲身经历向读者介绍草原的天，草原的地，以及生活在草原上的羊。学生在教师指导下通过反复地朗读，才能从草原"蓝蓝的天、绿绿的草地、蓝天上的白云、草地上白色的羊群"这些明丽的色彩中深深体会到老舍先生的感触："那里的天比别处的更可爱，空气是那么清鲜，天空是那么明朗，"也会深深感受到老舍先生发出的感叹："这种境界既使人惊叹，又叫人舒服，既愿久立又想坐下低吟一首奇丽的小诗。""文贵自得，书忌耳传。"学生读懂的过程，就是感悟体验的过程，就是语言积累的过程。

在朗读教学中，我们更应提倡教师这样指导朗读：这一句话该怎么读呢？你认为该怎么读就怎么读，要把你自己领悟的感情通过朗读表达出来，在学生自我朗读后指名朗读，再让学生说说自己为什么这么读，只要言之有理，一概予以肯定，这样既能充分发挥学生在朗读中的主体作用，又让学生自得文中之义，自悟其中之情，培养学生自我获取知识，自我把握学法的能力。

4. 加强评价，促进发展

学生的朗读是一种有目的的活动，也是对教学的一种反馈。因此，对学生的朗读，教师必须及时作出评价。对到位的朗读，及时肯定，由衷赞赏，会令学生扬起自信的风帆，更精益求精。对朗读存在的问题及时指出，也会令学生及时更正，不断进步。传统教学中的评价总是以教师为主，其实，学生才是学习的主体，是课堂的主人，在朗读教学中，教师可采用多种评价方式引导学生积极参与评价。

（1）教师评价学生，是朗读教学评价常用的形式

教师直接评价学生的朗读时要注意：一要有明确性，赞赏学生读得好，应指明好在哪里，如："你把老山羊轻蔑的语气读出来了，非常好！"在指出朗读不到位时，更应明确指出问题所在。二要及时，"事后诸葛亮"只会令学生生厌，教师必须注意听读，及时作出评价。三要讲究评价的艺

术。在指出朗读的不足时，教师的语气要委婉，鼓励为主，如"下次再大声点，那就更好了。"

（2）学生自我评价

现代教学理论认为，自我评价能够消除被评者本身的对立情绪和疑虑，调动学生参与评价的积极性，还能引导学生以批判的眼光剖析自己，认识自己，在反省中不断完善自我，超越自我，促进学生个性的健康发展。古人说得好，不仅要知其然，而且要知其所以然。在朗读教学中，学生读完后，说说为什么这样读，可以让学生略有所思。而后一遍比一遍读得有味，一遍比一遍能深切地体会到作者的思想感情，促进学生乐读、好读、会读。

（3）学生互相评价

朗读教学中，还可以组织学生相互评价，得到来自同学的真诚称赞或认同，可以增强学生在集体中的安全感、信任感、归属感等。学生相互评价的方式很多，可以同桌互评，小组互评，全班互评，甚至可以找对子互评。

（4）学生评价教师

学生是学习的主体，在朗读教学的过程中，学生不仅可以评价学生的朗读，还可以评价教师的范读。这就需要教师创设宽松、民主、愉悦的课堂氛围，把微笑、爱抚、激励、信任带进课堂，使学生在平等、和谐的气氛中，打破评价的束缚，展现自我，敢于挑战偶像和权威，塑造新型人格，增强学习的创新意识。

在课堂教学艺术中，朗读有着调节气氛、变换节奏的作用，在学生凝思积虑、奋笔疾书的活动中，来一段放声朗读，读得声情并茂、荡气回肠、热血沸腾、忘乎所以，自由抒发情感是无可非议的天性。明代的王守仁就说过："大抵童子之情，乐喜游而惮拘检，如草木之始萌芽，舒畅之则条达，摧挠之则衰萎。今教童子，必使其趋向鼓舞，中心喜悦，则其进自不能已。"遵循学生心理发展，优化朗读训练，让朗读这一有声的语言艺术在新的教育理念指导下不断发出异彩吧！

第六辑

课堂: 吹尽狂沙始到金

入境入情, 自探自得
——基于网络的《海底世界》教学设计

【教学内容】

浙教版义务教育六年制小学语文课本第八册《海底世界》第二课时。

【教学目标】

1. 进一步了解海底景色奇异, 物产丰富, 能抓住重点句理解一段话的意思, 并体会这段话是怎样写具体的。

2. 能有感情地朗读课文, 体会作者的喜爱之情, 产生探索大自然奥秘的兴趣。背诵自己喜欢的那个自然段。

3. 能利用网络搜集海底知识、环境污染等资料, 展开调查、访问、讨论, 并以调查报告、环保方案、电子小报、个性网站等展示学习成果。

【教学重难点】

1. 教学重点是了解海底景色奇异、物产丰富的具体表现。

2. 教学难点是快速地搜集并筛选自己有用的资料。

【教学对象分析】

海底世界对于所任教的四年级学生来说是陌生的, 因此, 要让学生切实领悟到海底世界的神奇美丽，除引导学生认真读懂课文以外，还应该尽量为学生创造直观条件，使学生真正领悟到海底世界的美。

【教学流程】

（一）演示导入，入境入情

教师一边播放大海的画面，一边讲述：我们赖以生存的大地有70.8%的面积被海水覆盖着，大海是生命的摇篮，有时波涛澎湃，有时风平浪静。你可知道，大海深处是怎样的吗？今天，就让我们一起潜入海底，去探索那海底世界。

（二）个性朗读，整体感悟

1. 指名朗读课文，其他同学想：海底到底是一个怎样的世界？

2. 学生个性朗读，体会海底世界"景色奇异、物产丰富"的特点。

过渡：从文中哪些地方可以看出海底是景色奇异、物产丰富的世界呢？

（三）理性品读，自主探究

1. 学习第1自然段。

（1）想一想从哪些地方可以看出海底景色奇异，物产丰富。学生自学，教师个别指导。

①默读，用"——"画出有关句子。

②结合所画的句子与同桌谈自己的体会。

③有感情地练习朗读。

（2）指名汇报——补充——朗读体会。

（3）播放深水中闪烁亮光的画面，做配音朗读。

过渡：宁静的海底是否没有一点声音呢？

2. 学习第2自然段。

（1）两个人对读第2自然段，想一想对方读的和你的理解一样不一样？注意读的时候声音要小一点，不要打扰其他组的同学。

（2）根据你对这个自然段的理解，谈谈他读得怎么样？（重点体会窃窃私语）

（3）学生自主通过网络看海底世界，听录音，体会海底世界的动静。同桌合作朗读课文。师读，学生模拟各种声音。读完以后追问：感觉怎么样？

（4）看图激发想象：你能想象一下还有哪些声音吗？按照书上的句式有感情地说一说：有的像（　　）一样（　　）。

过渡：真没想到海底世界亦如此美妙！你还可以从哪儿看出海底是个景色奇异、物产丰富的世界呢？

3．学习第4自然段。

（1）自主学习：按照学习第1自然段的方法学习第4自然段。

（2）全班交流：不理解的字词；海参、乌贼、章鱼、贝类四种动物的不同活动方式。

（3）质疑解答：这几句话是围绕哪句话写的？老师读第一句，再请四位同学每人读一种动物的活动方式，读完请学生说说老师读的和同学们读的句子有什么关系。

（4）体会背诵：学生点击各种动物活动课件，体会它们不同的活动方式。试用自己喜欢的同桌配合方式（总分搭配、演示朗读搭配、一同朗读），读背这个自然段。

（5）学习展示：海底的动物还有哪些活动方式？用简短的句子有感情地向大家说一说。

过渡：还可以从哪里看出海底是景色奇异、物产丰富的世界呢？

4．指名分别读第5、6自然段。

（1）（播放网上资源）正像同学们读的那样，海底有山，有峡谷，也有森林和草地。植物的色彩多种多样。各种各样的动物说也说不完，数也数不清。看到这些，你们想说些什么？

（2）齐读最后一个自然段。

5．伴着这优美的音乐和动人的画面，有感情地自读课文。

（四）网络搜索，孕育新知

1．上网浏览有关海底世界的网站，进一步感受海底世界景色奇异、特产丰富。

海底世界图片网址：http://www.6to23.com/s8/s8d4/tp200292017933_1.htm

国家海洋局海洋科普知识网址: http://www.soa.gov.cn/kepu/

探索——海底世界: http://www.online.cri.com.cn/world horizons/progect/zt030724/discovery/20k

2．过渡: 海底的景色是奇异的，物产是丰富的，但近年来随着各国工业、农业的发展，各种废弃物不断排入海中，大海受到了严重的污染，海底世界遭到了极大的破坏，你看（教师播放海水污染的网上图片与资料）: 此时，你有什么感想呢？

3．学生在网络上搜索国内外海水污染的程度、原因。然后交流讨论: 现在你们准备为保护我们的家园做些什么？

（五）知识延伸，走出文本

请根据自己的爱好自选一个作业完成。

①根据自己调查的杭州西湖水污染的情况，自行设计一份环保方案，寄给西湖管理委员会。

②通过网络搜集神奇的海底世界知识与图片，并选取部分编成一份电子小报，发给同班同学。

③有条件的同学，可在父母亲的帮助下建立一个自己的海底世界网站，链接在学校网上，供大家浏览。

教后反思:

上这节课前，我就很兴奋，因为这是我第一次尝试网络教学，并且是在省城的杭州市饮马井巷小学四年级的班上。在课堂上学生们表现出前所未有的兴致与主动（我已在这个班上教了一个月语文），令我震惊！课后回想这节课，感触颇多。

收获:

1．对网络技术在小学语文教学中的运用有了更深的理解。

（1）网络技术的引入，给学生个性的展示提供了空间。

网络打破了语文课堂上少数精英巡展的舞台，给了每个人亮出自我、展示自我提供了空间。每人都有权发言，每人都有机会露脸，每人都能脱颖而出。他们在这里深切感受到自己的独立存在，自我价值。如在知识延伸这一环节中，学生就根据自己的爱好特长选择了自己不同的作业。在作业传阅过程中，我发现学生们互相欣赏、赞美、鼓励、鞭策，乐此不疲。网络的交流，有效地增强了那些中差生的学习自信心，挖掘了他们各自的潜能。

（2）网络技术的引入，丰富了学生课程资源。

海底世界对于杭州大部分四年级小学生来说，还是很陌生的。如果仅仅通过书本学习，显然肤浅。我在教学中先让学生初读感知课文，再让学生在理性品读的基础上，搜索与课文相关的海底世界知识，同时引出环保问题，深化了语文学习的内涵。《语文课程标准》指出语文教学应："关心地球，关心大自然，就共同关注的自然问题，搜集资料，调查访问，相互讨论，能用文字、图表、图画、照片等展示学习成果。""在语文学习过程中，培养热爱自然，热爱科学，逐步形成保护环境的良好习惯，提高环保意识和审美情趣。"如此教学，语文的工具性与人文性得到了充分的体现。

2．网络技术的使用能有效地激发学生探究科学的欲望。

《海底世界》是一篇浅显的知识性课文，作者通过生动形象的语言，描绘了一个"景色奇异、物产丰富"的海底世界。如果在教学中让学生只通过课本上的点滴动植物，而想形成广而深的海底世界是有难度的，因此，我设计了一个"研究"的机会，通过网络搜索让学生进一步了解神奇的海底世界。学生在语文实践活动中，入境入情，广泛收集关于海洋探秘的资料，自探自得。在后来的一段时间内，很多学生都进行了海底世界研究性学习，甚至有的家长来邀我一同走进了海底世界，共同探究海底科学知识，提高学生的语文素养。

思考：

1．在网络环境下的语文课如何进行语言文字训练？

本课教学我借助了网络的优势，通过网络将有声、有光、有色、有形的海底世界展现在学生眼前，帮助学生理解了景色奇异、物产丰富的实质，通过海底动物声音的模拟，让学生感受到了海底的奇异，也同时激发了学生说话和学习的欲望。但总感觉在大量的观察、阅读、搜索时，而少了语言文字的训练。

2．如何较好地把握听说读写训练与知识拓展时间？

在教学设计时，我本身也想让学生在自主探究的同时，也多关注学生的朗读，但实际教学时，由于缺乏网络教学经验，个别学生网络搜索能力较弱，占去了较多时间，怕完成不了教学任务，没能很好地在课内进行朗读训练，缺乏了让学生在读中感悟课文的语言美，这是语文课的大忌，也是本堂课的一大败笔。

借网络之势，悟节日之情
——基于网络的《五月端阳》教学设计

【教学内容】

浙教版义务教育六年制小学语文第十册《五月端阳》第1课时。

【教学目标】

1．学会课文生字10个，理解新词27个，了解端阳习俗。

2．感受端阳浓浓的节日气氛，体会语言，有感情地朗读课文。

3．培养学生通过网络主动获取信息，完善知识结构的能力，增强协作精神。

【教学重点】

1．利用电子教室的语音教学功能，促进学生自主学习，提高预习检查的效率。

2．借助各地喜庆端午的专题视频，让学生直观地感受端阳文化，体会节日气氛。

【教学难点】

提高学生运用网络获取端阳相关知识信息的能力。

【教学对象分析】

端阳节时，农村家庭门前挂菖蒲、艾草，孩子颈上、手上、脚上吊端午线，家中包粽子，农村学生对这些习俗非常熟悉，但对于教材中介绍的"挂香袋""赛龙舟"等习俗比较陌生，甚至完全没听过。为了缩短课文中字里行间洋溢出来的端阳气氛与学生的生活距离，教师除引导学生读懂课文外，借助网络资源优势，将教材立体化、多元化，通过视觉、听觉、触觉等对端阳产生浓厚的兴趣，同时也满足不同层次学生的学习需要，唤醒学生热爱中华文化的情结。

【教学流程】

（一）播放画面，创设情境

师：请同学们看屏幕（多媒体播放一组喜庆端午的画面）。看完这些画面，你们联想到了哪个传统节日？你了解端午节吗？（学生结合生活经验发言。）

师：端午节又叫端阳节，它是我国汉族中流行最久、影响最大的传统节日之一，已有2000多年的历史，积淀了非常丰富的节日文化内涵，这节课就让我们一起走进《五月端阳》。

出示课题，读题。

设计说明：用喜庆的画面，创设情境，唤起学生的生活经验，拉近与端午节的距离，激发学生了解端午节的学习欲望。

（二）网络监听，媒体交流

1. 师：请大家打开电子文本，放声朗读课文，注意读准字音，读通课文，不理解的字词可以点击相关链接寻求帮助，可以独立学习，也可以同桌互帮互学。

学生自学，教师利用电子教室的功能有目标地监听指导。

2. 师：读通了课文，接下来就应该把握课文的大意，请大家为端阳节做张名片。

端阳节小名片

时间：

习俗：

来历：

3．媒体出示，交流订正。

设计说明：利用电子教室的语音教学功能，促进自主学习，提高预习检查的效率。而对文本内容的整体把握，有助于提高下一步学习的针对性。

（三）借助视频，直观感受

师：想不想亲眼见一见这么多姿多彩的端午习俗？请大家自由点击视频和相关图片，注意一边看一边记。（学生自由点击视频）

交流感受：你觉得端午节是个怎样的节日？

设计说明：通过自由点击挂菖蒲、艾草，缝香袋、包粽子等全国各地喜庆端午的专题视频，学生直观地感受了端午和端午文化，为接下来体会文本的情感提供了必要的铺垫。

（四）精读课文，感悟语言

1．师：快乐、有趣、丰富多彩……是端午节带给大家的共同感受，请大家仔细读课文，看看课文写了端午节有哪些习俗，分别是哪几个自然段，用"谁干什么"句式回答。

2．围绕课题，把刚才说的内容连起来，说说课文的主要内容。

3．自读课文，看看哪些词句让你感受到了浓浓的节日气氛，把它复制到留言板上，有滋有味地读一读。

4．交流：

板块一：挂香袋

①朗读相关语句，谈自己的感悟。

②出示各种香袋图片，学生回答形状？然后按"总分"或"分总"的句式介绍自己看到的香袋。

③师：各式各样，色彩斑斓的香袋这儿挂上了，那儿挂上了，你挂上

了，他挂上了，我也挂上了，到处洋溢着快乐的气氛。能用朗读来表达感受吗？

④学生朗读、评价。

板块二：包粽子

①学生朗读相关语句，谈自己的感悟。

②师：一个粽子一片情，孩子们吃着妈妈亲手包的热气腾腾的粽子，一定是满心（　），妈妈看着孩子们争抢自己亲手做的美食，一定是满脸（　），这样的场面是多么的温馨，多么的幸福。

③指导朗读。

板块三：赛龙舟

①指名朗读，评价。

②播放赛龙舟的录像，让学生描述一下激动人心的场面。

③学生边想象画面边练习朗读。

④分组赛读。

设计说明：对一篇文章，除了整体驾驭外，更重要的是对一些精彩的语段进行研读，通过细细研读，从字里行间体会文本蕴含的思想情感。多媒体的情境创设和老师的激情导语推动学生达到情感的高潮。

（五）网站浏览，推波助澜

端午节的习俗是多姿多彩的，端午节的文化是丰富而有内涵的，短短的一篇课文又怎能说尽端午？现在，请以四人小组为单位，对照课前预习，看看自己还想知道关于端午节的哪些知识，选择一个主题，登录网站，并集合全组人的智慧选出你们觉得最有价值的资料，展示给全班同学。

（学生自由上网学习，然后代表展示，最后教师小结。）

设计说明：学生带着自己感兴趣的问题，浏览网站，同时通过浏览，进一步熟悉使用网络查阅资料的方法，培养学生通过网络主动获取信息，处理信息，完善知识结构的能力，增强协作精神。

（六）课外延伸，重组建构

1. 师：我们中华民族有着悠久的历史，灿烂的文化，节日文化是她重要的组成部分。今天，我们走进端阳，感受了端阳的民俗风情。而关于端阳的传说更有深沉的意味，这方面的内容将在下节课着重学习。

2. 布置作业：①浏览：http://www.china.org.cn/ch-jieri/content.htm（中国传统节日网），选择一个自己最喜欢的节日，自由阅读，搜集资料。②学习课文的写法，自己介绍一个中国传统节日。

设计说明：文本脉络清晰，语言具有鲜明的特点，尤其是3、4两节的总分句式，值得一学。通过本课学习，学生一定对中华传统节日产生了浓厚的兴趣。让学生自主选择一个喜欢的节日，以自己独特的视角搜集并积累相关资料，仿照课文，重组建构，轻松写作。

教后感想：

一节课下来，我们深深地感到农村孩子对节日的向往与知识的渴求是非常强烈的，也是我们意料之外的。网络课堂在农村小学还没有得到普及的情况下，我们学校偶尔能进行这样的教学，对于学生是新鲜的、好奇的，对于教师是期待的、兴奋的，但又有所惶恐的。

1. 期待的是：学校能将网络教学班级化、日常化。随着新课改的实施，学校软硬件得到了翻天覆地的变化，教师的观念也得到了不断更新，可是网络教学还仅存于少数条件较好的学校，仅存于公开教学场合。要实现教育现代化、城乡均衡化，我们期待农村学校网络教室建设的步伐，期待网络教学给农村课堂带来一片新天地。

2. 兴奋的是：①在这一堂课中我们充分利用图片、视频画面，让学生得到直观感受，特别是对于"赛龙舟"这一习俗离学生的生活实际比较远时，我们制作了多媒体课件，剪辑了录像资料，引导学生感受赛龙舟的热闹场景。在教学的实施过程中，影片中震耳欲聋的锣鼓声，群众的呐喊声，激发了农村孩子的情感，使他们置身其中，切身感受到了浓浓的端午情。学生个个兴趣盎然，纷纷抒发内心的感受，表达心中的情。②在检查学生自学字词一环节时，我们让学生打开电子文本，放声朗读课文，不理解的字词随时点击链接寻求帮助。教师监听并个别指导。这样摆脱了教师和个别优生对话的畸形课堂，而使教师能很好地关注课堂上默默无闻的学生，给课堂上相对弱势的群体更多的机会，实现了他们每个人都是课堂的真正主人，效果显著。

3. 惶恐的是：①网络教学需要教师掌握较强的现代化技术。本课的教学我们采用了多媒体网络教室模式，运用PPT课件，通过单机大屏幕创设情境，引导课堂学习的有效开展。学生利用网络自主学习，检索信息。学生的学习网页建立在学校网站上，同一个Web页面上，建有"电子文本、相关视频、喜庆组图、相关网站"等板块，每个板块都有明确的链接和返回，内容丰富，思路清晰，方便了学生的学习。比如，电子文本中对难理解的生字新词都做了超链接，超链接的目标文件中不仅有文字解说，还配有图片、实例等。同时，每个板块都可以发表评论，方便交流互动。课件制作可以说完全利用了现成的网络资源，费时极少，具有现实的推广价值。可要知道，这一堂40分钟的课中所需的课件、网页、网站设计制作，对于一个普通农村教师尤其是语文教师是很难单独完成的，因为这涉及很多计算机专业知识。本堂课，我们不仅请了县城教师帮忙，还请了杭州饮马井巷小学计算机专业教师，才得以最后完成。②网络教学需要教师有较强的课堂调控能力。农村学生参与学习积极性很高但电脑操作能力参差不齐，时有问题出现，教师如果不能及时排除，就会影响课堂的正常进程。如有的学生打字速度很慢；有的学生易被生动的画面吸引而转移注意力；有的学生好奇心强，而我行我素，做一些与课堂无关的操作等，这些情况教师若不很好地调控，那就会直接影响课堂教学效率。其实，在实施新课改的今天，我们真需要常对开展网络教学说"爱你没商量"，但面对现实又不得不说"爱你真的不容易"！

（本文发表于《科学教育研究》杂志2008年第5期）

第七辑

课题: 问渠那得清如许

城乡小学生学习习惯差异调查与矫治策略

常山县钳口小学是杭州市饮马井巷小学教育支援对口结对学校，在结对活动中，教师们深深感到饮马井巷小学学生有良好的课外阅读习惯，知识面广，善于表达，但课堂纪律混乱；钳口小学学生有良好的课堂纪律，听从教师，但不爱思考、发言，作业字迹潦草，不重视复习等。为深入了解城乡学生学习习惯差异现状，本课题组开展了城乡小学生学习习惯差异的调查，经过分析，找出差异的原因，再进行矫治实践，使学生从小养成良好的学习习惯。

一、调查对象与方法

1. 调查对象

选取杭州市饮马井巷小学、常山县天马二小、辉埠小学、钳口小学中高年级学生为代表进行城乡小学生学习习惯调查比较研究。选取杭州市饮马井巷小学、常山县钳口小学中高年级学生进行城乡学生习惯差异矫治研究。

2. 调查方法

采用问卷法、比较法、访谈法、个案分析法。

二、调查结果与分析

本课题组从学生听、说、读、写等方面入手，制定了《小学生学习习惯调查表》，选取了饮马井巷小学、天马二小的中高年级学生为城区学生代表，钳口小学、辉埠小学中高年级的学生为乡镇学生代表，进行了问卷调查。共发放调查表1353份，回收有效调查表1232份（城：725份；乡：507份）。调查的结果：

1. 听说习惯差异

乡镇学生上课比较注意听，但不爱提问与发言；城区学生上课好动，但发言积极。（见表1、表2）

表1

情况＼学校	上课同学发言时，我			上课发言，我		
	认真听	有时听有时不听	不听	喜欢	有时喜欢有时不喜欢	不喜欢
城区	55.05%	42.24%	2.71%	61.37%	38.58%	1.05%
乡镇	62.13%	37.27%	0.59%	62.72%	34.31%	2.95%

表2

情况＼学校	对同学发言有异议时，我总是			
	听他说完再说	马上插嘴说	课后再说	不说
城区	65.97%	18.15%	12.69%	3.19%
乡镇	67.51%	13.60%	5.32%	13.55%

原因分析：乡镇学校学生大都来自农村和山区，他们所处环境较偏僻，信息较闭塞，见识少，胆怯，视教师为圣者，自认为教师的话必须得

听，上课得遵纪守法，坐得端端正正。上课发言畏惧说错而少发言。城区学生，思维敏捷，胆子大，想说就说，想干就干，所以课堂活跃。

2. 读想习惯差异

乡镇学生经常看课外书的人比城区学生多；读课文时，能经常做到正确、流利、有感情者居多。但比较读后的效果，城区学生比乡镇学生好。（见表3、表4、表5）

表3

情况\学校	我在家看课外书				看完书或故事，复述大意	
	经常	不经常	很少	从不	能	不能
城区	62.07%	19.02%	18.09%	0.82%	78.32%	21.68%
乡镇	65.08%	19.52%	14.79%	0.59%	45.33%	54.67%

表4

情况\学校	在家要求正确、流利、有感情地朗读课文			
	经常	不经常	很少	从不
城区	47.21%	33.87%	17.44%	1.48%
乡镇	50.88%	31.36%	17.15%	0.59%

表5

情况\学校	同学在回答老师提问时，我			看课外书时，我被文中的情景感动		
	边听边想	听但不想	想但不听	经常	不经常	还没有
城区	83.50%	14.41%	2.09%	92.12%	7.88%	0
乡镇	92.89%	5.91%	1.18%	85.45%	11.71%	2.84%

原因分析：乡镇学生课余生活少，平时看课外读物时间多。但出于经济条件、家庭对子女的教育重视程度，农村乡镇学生的课外书的数量、种类远不及城区学生。我们知道乡镇学生课外读物大都是作文书；而城区学生课外读物种类繁多，不仅有童话、寓言，还有天文、地理、科幻，等

等。城区学生所在县城或省城，平时常到公园、博物馆等地参观，加上各种各样的兴趣班、家教班，所以看课外书的时间少，但知识依然丰富。

3. 书写习惯差异

乡镇学生写字姿势、写字的正确率都比城区学生好，但拖欠作业现象严重。（见表6、表7）

表6

情况 学校	我写字姿势			我写错别字		
	每次 正确	偶尔几次 不正确	经常 不正确	经常	有时	很少
城区	15.57%	66.67%	17.74%	9.71%	51.81%	38.48%
乡镇	10.05%	80.47%	9.46%	8.87%	60.35%	30.76%

表7

情况 学校	上个月，我拖欠各科课外作业包括家庭作业			
	从没拖欠	10次以内	10至20次	20次以上
城区	27.42%	11.34%	6.43%	54.81%
乡镇	18.93%	9.46%	6.50%	65.08%

原因分析：乡镇学生的写字姿势比城区学生好，这是我们意料中的事。但乡镇学生写字的正确率更高却是意料之外的事。我们认为，新课标教材的编写比较注重口语交际的训练，教师加大了这方面的教学，相应的写字训练、要求有所降低了，自然巩固就弱了。乡镇学生由于部分教师的观念比较陈旧，课堂中要么教师主讲，要么学生主写，其中还有一些教师利用写来充塞学生的课余时间、补足课堂不足，相形之下，学生被动地接受了大量写的训练。

乡镇学生拖欠作业现象之严重，我们认为：一是学生对学习兴趣不高（见表8），认为作业是压迫他们的巨石，缺乏自觉完成作业的动力，仿佛作业是为老师、父母做的；二是教师无休止布置作业、逼写作业，缺乏理解、辅导、耐心、爱心；三是在家得不到辅导，有的甚至起反作用，不管孩子作业完成否，便唤孩子一起出去玩等，导致作业拖拉现象的出现。

表8

情况 学校	对学习			
	很感兴趣	比较感兴趣	一般	不感兴趣
城区	53.14%	35.74%	9.98%	1.14%
乡镇	68.63%	22.48%	8.28%	0.59%

4. 预习、复习习惯差异

乡镇学生预习的习惯比城区学生好，但预习的效果远不及城区学生，复习的习惯也不如城区学生好。（见表9）

表9

情况 学校	在每次上新课前， 主动预习的			每天，主动复习的		
	有	没有	有时有	有	没有	有时有
城区	43.89%	8.23%	43.38%	36.78%	5.54%	57.68%
乡镇	47.33%	8.28%	44.37%	34.91%	9.46%	55.62%

原因分析：城区学校大都有家校联系本，孩子的复习、预习是每天必需的功课，有父母的监督，甚至还有签名；乡镇学校，教师布置预习的多，检查复习的少，说的做，不说的不做，缺乏监督，自然不主动了。

5. 提问、订正习惯差异

调查中发现城区学生比较爱提问、善提问，但碰到问题，提问的对象城乡差别大。在学生订正作业方面，城乡无多大差异。（见表10、表11）

表10

情况 学校	在学习中碰到困难，我首先会想到去问			
	父母亲	同学	老师	其他人
城区	20.00%	32.03%	19.59%	28.38%
乡镇	4.73%	27.81%	28.99%	38.46%

表11

情况 学校	当老师作业批改好发下来,我发现有错题时			
	订正	有时订正,有时不订正	很少订正	从不订正
城区	85.50%	11.28%	2.75%	0.47%
乡镇	86.39%	5.32%	6.50%	1.77%

原因分析:提问对象差异大,主要是因为他们生活的环境不同。乡镇学生父母大都出门打工,在家接触最多的是爷爷奶奶或外公外婆;而城区学生在家接触最多的是父母,问得最多的就是父母了。订正作业,城区教师可由家长帮忙,而乡镇教师平时都是自己批,有时来不及批就没批,影响了学生订正习惯的养成。

6. 评价方面差异

乡镇学生父母评价孩子的学习习惯比城区学生父母评价好。乡镇学生自我评价学习习惯不如城区学生自我评价好。(见表12、表13)

表12

情况 学校	爸爸妈妈对我的学习习惯评价			
	很好	比较好	一般	差
城区	12.48%	48.62%	34.13%	4.77%
乡镇	23.07%	44.97%	24.26%	7.69%

表13

情况 学校	我认为我的学习习惯			
	很好	比较好	一般	差
城区	11.19%	49.18%	35.08%	4.55%
乡镇	10.65%	47.92%	31.36%	10.05%

原因分析:城区学生父母比乡镇学生父母文化程度高,当然要求子女习惯就高。城区学生自信心比乡镇学生足,对自己的行为也比较肯定,对自己评价高。

以上列出的习惯差异仅是课题组在调查考虑之内的一些现象,造成这些现象的原因是多方面的，错综复杂的，有来自学生自身的，也有来自教师的、学校的、同学的、家庭的、社会的。为了有效地缩小差异，矫治那些不良学习习惯，我们课题组进行了矫治实验。

三、习惯差异矫治策略

本课题组选取了饮马井巷小学、钳口小学中高年级学生进行习惯偏差矫治策略研究。为提高矫治的有效性，两次派员赴饮马井巷小学实地研究两个多月。课题组在城乡学生学习习惯矫治的途径和方法上，侧重于集体辅导、个别辅导、教育教学中渗透心理辅导、优化个案者家庭教育的辅导研究，并辅以定期教育、适时矫治和过程评价等多种策略，培养学生良好的习惯。

1. 立足课堂，面向全体，有机渗透学习习惯的培养

学习习惯是在学习活动中通过练习和不断重复固定下来的学习方面的行为方式，也是一种定型化、自动化了的行为方式。课堂是教学的主阵地。不好的课堂学习习惯，严重影响着学生的学习效果。要矫治这个不良习惯，我们立足课堂，主要采取：

（1）激发学生的学习自信心，培养学生质疑问难，勇于提问，敢于挑战的学习品质。调查中我们知道：城乡学生主动提问的仅占50%，乡镇学生更少，原因是他们缺乏自信心与怯场心理造成的。在课堂中，我们积极倡导自主、合作、探究的学习方式，让学生自己提出问题，研究解决问题。

（2）帮助学生形成自主学习和自觉研讨的学习习惯。我们要求教师特别是乡镇教师在指导学生自学时注意结合各学科的具体任务，教给学生具体的学习方法，不放任自流。在自学过程中，如果遇到较难解决的问题，教会学生形成善于与他人研讨交流的习惯，以此相互砥砺启迪，集思广益、博采众长。

（3）联系学生实际，文道有机结合。在课堂教学中，我们要求联系实

际，如在知识的传授过程中有机渗透预习和复习习惯、听的习惯、读的习惯、独立作业的习惯的培养。城区学生发言积极但易乱，要求学生想好再说；写的习惯很差，要求教师利用多种形式让学生在不知不觉中受到感化训练，形成习惯。乡镇教师我们要求改变原有的教学习惯，努力创设和谐的教学气氛，积极鼓励学生主动参与教学。

2. 优化环境，家校同步，促进学生良好行为习惯的养成

马克思曾说过："人创造环境，环境也同样创造人。"调查表明，学生生活在城区与乡镇的不同环境中，他们的习惯差异大。要改变习惯偏差，我们从环境入手，从家庭入手。

（1）优化人文环境。学习习惯的养成是受多方面影响的，需要各方面力量的配合。无论是教师还是校园环境都必须协调统一，形成合力，让学生在和谐的人文环境中矫治不良行为习惯。

① 注重榜样的示范作用。有些乡镇教师比较随便，我们便要求教师做到：上课时要以饱满的情绪、高涨的热情去感染每一个学生；对现实生活持积极乐观的态度；讲课时体现语言美，操作中表现协调美，板书时呈现文字美，教态中展现气质美等。

② 创设良好的学习环境。环境改变人。良好的学习环境需要教师去创造。如班级学习物品摆放整齐有序，墙上布置优秀作业栏等。联系学校实际，利用晨间课学习《日常行为规范》《课堂常规》；利用国旗下讲话或班会、队会活动，进行学习习惯专题讨论，现身说法、深入领会、提高认识；利用专栏，宣传优良学习习惯的典型人物，帮助学生在良好的育人环境中养成同化。

（2）优化家庭环境。家庭是孩子最初受到教育的课堂。城乡学生习惯差异，家庭环境、教育起重要作用。城区学生父母文化程度高，对子女期望高，指导多，监督细，当然学习习惯好。但也有一些家庭，父母无暇顾及子女，还有点溺爱，良好习惯在这样的家庭环境中难以实现。乡镇学生生活比较困难，"穷人的孩子早当家。"但还是限于经济因素，家里往往不

能满足学生学习所需要的文具、书籍与文化辅导。所以我们要求：

① 学生的父母要以身作则，加强对孩子的管理。融洽家庭成员之间的关系，不要动不动就"出口"或"出手"，经常给予孩子力所能及的辅导，尽量满足学生学习需要的文具书籍等。

② 教师要常与学生家长联系，互访，互励，互谅，以取得最及时的信息，获得更佳的效果。定期召开家长会，或通过家校联系本，让学生学习习惯的矫治得到全程的关注辅导。

③ 开展教师与偏差生家长结对子，渗透学生良好行为习惯培养的方法指导，以促进学生良好行为习惯的养成。具体分为四步：第一步，师生共同填写家庭基本情况，教师填写不良行为习惯发生的时间和主要事实、教育效果；第二步，家校共同分析原因，进一步研究矫正措施，使看法趋于一致，形成教育合力；第三步，进行效验跟踪记载；第四步，开展矫正评价。

3. 以学生为本，提高学生自我矫治能力

以学生为本，是习惯矫治的重要渠道。自身需要受教育，受感化，必然产生巨大的内驱力。陶行知先生说过："教是为了不教。"提高学生的自我教育能力、自我纠正行为偏差的能力是教育的最高境界。

（1）做到"两个结合，一个强化。"借助儿歌，自评和互评相结合。我们把学习习惯化成"三字经"，每条为一颗星，在班内设置夺星栏，逐条学习评比，每周评一次，学校定期检查总结评比，通报情况；干部负责与学生督促相结合。提高学生自我教育、自我管理的能力，还要充分发挥班干部的作用，千方百计激发他们的责任心与使命感，加强对小卫生检查员、作业质量督促员、图书管理员、值日长等小干部的培养，让他们对全班学生一天的学习常规等情况进行记载总结，指出不良习惯，必要时进行协调处理；持之以恒，及时强化。学习行为一经规范，就要按规范严格要求，加强训练，经常对照，督促去做。在培养规范化行为的过程中，对学生的表现及时予以强化，老师在日常的训练中善于观察，发现正反两类典型。抓两头，促中间，树榜样，同时重点帮助习惯偏差生，促其改正，要求学

生时时处处规范言行。

（2）提高学生自我导向能力。引导学生自己问自己：今天在学习等各类活动中注意纠正了哪些不良行为习惯？

（3）提高学生自我控制能力。引导学生在行动中强化认识，自觉地、有目的地用实际行动做到自己认可的程度。

（4）培养学生自我评价能力。引导学生对行动进行对照、综合、鉴别，对一天行为进行总结，引导学生在全面剖析自我、客观公正地评价自我、肯定否定自我的心理过程中，找出值得肯定、发扬的，需要改进的，在自我认识、自我比较、自我反省中提高自我评价能力。

4. 个案搜寻，区别矫治，全面促进学生良好学习习惯养成

（1）建立学生个案集：每班选取5名习惯偏差生，做个案分析。记录学生日常发生的事或情况。

（2）建立档案袋并跟踪研究。采用建立档案袋的个别研究方法，档案袋中记录该生的基本情况，教师对他的评价，日常工作中老师与他交谈的谈话记录，如，为什么找他谈话、谈话的内容、解决了哪些问题、他在哪些方面有了进步，以及在课堂中有表现和学习成绩的跟踪。通过档案袋的跟踪研究，便于了解学生行为的变化过程，帮助他在原有的基础上能有所提高。

（3）通过心理辅导和心理训练进行矫治。学生习惯偏差，部分是由于他们受到家庭的影响、老师的呵斥等原因，便出现拖欠作业、课堂反常、情绪叛逆等。联系心理老师，对他们进行心理咨询和疏导，建立心理档案，使他们的情绪能够处于比较稳定的状态。

（4）利用各种活动，鼓励积极参与。利用学校的假日培训、行为达标等活动，鼓励学生积极参与，使习惯偏差的学生也能有所学、有所得。同时，加强班主任、学科教师与学生的交流和沟通，及时反馈学生在课堂中的表现。

（5）利用激励机制对不良学习习惯进行矫治。对习惯偏差生进步较大

者进行经常鼓励、期末进行奖励等方法，引导他们积极面对，稳步矫治。

（6）进行课堂教学改革，激发学生的学习兴趣。我们根据学科教师的建议，积极倡导语文课采用自主合作教学、数学课引入小队竞赛的形式、英语课堂采用互动式教学、科学课采用小组实验、活动、讨论、课外观察等相结合的形式，让偏差生在课堂中得到参与。

（7）发挥家长学校的作用，开放课堂，让家长参与学生学习中来，争取家长对学校的配合，共同关注孩子的成长，做好行为偏差生的矫治工作。

四、矫治结果与效应

1. 习惯差异矫治前后的数据对比

本课题组连续三年随机抽取了饮马井巷小学、钳口小学同年级的52名学生，由语文、数学、科学、英语、思品、体育、音乐、美术8门任课教师以及家长对学生的学习习惯进行评价，最后由班主任做出总评价，其结果如下。（见表14）

表14

学校	习惯等第	第一年	第二年	第三年
饮马井巷小学	A等	25.00%	30.77%	32.69%
	B等	34.62%	48.08%	51.92%
	C等	25.00%	9.62%	7.69%
	D等	15.38%	11.54%	7.69%
钳口小学	A等	9.62%	19.23%	30.77%
	B等	23.08%	36.54%	46.15%
	C等	40.38%	34.62%	17.30%
	D等	26.92%	13.46%	3.85%

从数据比较中知道：通过两三年的习惯跟踪培养，学生学习习惯发生了明显的变化，特别是A等、B等学生的比例明显增加；乡镇学生比城区学生习惯改变得更快。

2. 良好的社会效应

在我们进行课题调查研究时，常常听到县教育局领导给予学生的评价：“钳口小学的学生行为习惯真好！课外时间，学生能自觉读书看报，校风学风真好。”县教研室教研员评价：“钳口小学的学生学习习惯很好。上课常规落实得很到位，如读书时全班学生都能整齐地将书本拿起来，并与桌面保持一定的角度，有感情地朗读……”饮马井巷小学校长的评价是：“我们学校的学生在较短时间内学习习惯得到较大的改观，这一研究在我们学校开展很有意义。我们的教师能积极协助研究，矫治了一部分学生，但也暴露了一些问题，还有待我们进一步研究。”钳口小学家长委员会的同志说：“该校学生在校学习习惯都很好，我们初中的老师都说这两年升入初中的学生学习习惯好，他们都很知道学习。”

3. 来自家长的心声

在课题研究过程中，我们不断对家长进行书面征询，他们普遍反映，培养良好的学习习惯，对他们的启发很大，感触很深。因为在这一过程中孩子们各方面习惯都得到有效培养。李自诚同学家长说：“我的孩子以前到家总是先玩或看电视，等到要吃晚饭了，才开始做作业，现在不一样，一到家就做作业。还有以前星期天都是满村跑，今年都变了，上次还叫我给他找几本书呢。这些都是老师教得好！”徐婷家长说：“学校定期地召开学生家长会，还让我们到校听课，看看自己的孩子在校表现。没想到孩子在家做作业总是拖拖拉拉，而在学校表现这么好，老师的教育方法好。我希望学校经常组织这样的活动，家校联系，互通信息，对于孩子学习是很有帮助的。”

4. 学生们的体会

通过访谈，钳口小学黄琴说：“以前，我家庭作业做好，就把本子往书包中一塞，有一种大功告成之感，自从学校开始落实学习常规后，我每次作业做好都要检查一遍，现在作业错误也少了。”严冬同学说：“以前，老师提出了问题，我即使会回答，也不敢举手。自从学校开展让我们改掉那些不良习惯的行动以后，老师上课就经常鼓励我发言，我也在暗地里对自己说：'我能行！'老师总是及时表扬我。现在我发言可积极了，甚至站起来，希望老师叫到我的名字。"饮马井巷小学林莉同学说："上课时，专心听，习惯好，早养成，好习惯，重培养……通过对学校发的习惯'三字经'的背诵，使我深深地体会到，作为一名少先队员，必须从小养成良好的学习习惯。只有养成良好的学习和生活习惯，才能更好地学习，今后才能成为对社会有用的人。"

总之，在此次调查研究中，我们发现，城乡小学生的学习习惯差异是有规律可循的，不良行为也是可以矫治的。但由于学生学习习惯涉及方方面面，并具有可塑性和不稳定性，学习习惯与教风、学风、校风也有极大关系，要更深层、更全面地了解城乡小学生学习习惯差异现状，还需更大范围地进行取样与跟踪调查研究。

以书信往来促进农村留守学生良好习惯养成研究

一、问题的提出

2007年，我们开展了城乡小学生学习习惯差异调查研究，在调查中我们发现，农村小学生行为习惯偏差主要集中在那些父母长期在外打工的留守学生之中。留守学生由于长期缺失亲情和管理，在生活、学习等方面表现出的行为习惯已严重影响着他们的健康成长。

常山县新昌小学是一所偏远的山区小学，全乡754名学生，有76.5%是留守学生。他们父母长期在外，缺少沟通，缺乏家庭温暖，缺少父爱、母爱，平时虽然有爷爷奶奶或外公外婆的监护，但也仅仅是解决生活的温饱。对于行为习惯的形成，从小就缺乏约束、指导，加之受不成熟的"自我认定"的影响，劣习滋长，逐渐出现了打架、偷窃、不做作业、逃学、对人没有礼貌等现象。

2007年4月，巧逢衢州市少年儿童书信比赛，主题为《爸爸妈妈我想对你说……》，结果我们发现许多学生热情高涨，平时写作水平极差、经常违反校纪校规的学生，也给在外地打工的父母写信，不但字迹工整，而且感情真挚，发自内心地向家长检讨自己的过去，决心今后好好学习。于是我们想到，是否可让这些留守儿童，经常给远在他乡的父母写写信，向辛勤工作在外地的父母说说自己的心里话？同时让家长放下架子，关爱地回信？学校能否设立"老师信箱"、班级设立"心情日记本"等，开展家长、教师、同学之间书信往来，让留守学生在活动中积极参与，家长、教师配合密切，通过那些白纸黑字，来促进留守学生良好行为习惯的养成呢？

2007年，我们选取了新昌中心小学三、四、五年级学生进行了尝试，鼓励学生积极参与到书信往来活动中。一改往日留守学生与父母亲唯一的沟通的长话短说的通电话方式为短话长说的书信方式；一改往日学生与老师、学生与学生面对面直接交谈的紧张方式为自然放松的书信方法。通过初步尝试探究，我们发现，在通信技术发达的今天，电话、手机给人们的沟通带来了便捷，但对于教育问题，它代替不了书信往来带来的愉悦与零距离，因此，我们觉得开展此课题研究尤其显得有意义。

二、同类课题研究综述

良好习惯的养成，不仅在学校引起高度重视，在家庭也备受关注。许多专家学者都做过大量的研究，出版了一本又一本专著。如美国柯维的《杰出青少年的七个习惯》、徐汉林的《好习惯是培养出来的》等，其主要阐述了作者研究的一些好习惯，并按照自己的研究思路提出应该怎么培养。但对于中国改革开放后大量农民工涌进城市所出现的留守学生这一特殊群体，良好的习惯如何培养，不良行为习惯如何矫治，研究者甚少。

聚焦"三农"，共同关注农村留守学生，已成为当下社会热点。各地做法也各不相同，如有代理家长制、留守儿童俱乐部、留守儿童基金会、民工子弟学校等，都为解决留守儿童在学习、生活等方面做了些有益尝试。浙江省平阳市昆阳二中季兴无开设留守儿童咨询室，疏导学生的心理情感问题。江苏省无锡市北高级中学刘波、朱永清提出教师利用书信方式与学生、家长交流，促进学生在校学习。这些做法对于留守学生的良好习惯养成具有积极作用，但缺乏教育的主导性，学生的内驱力。

我们的研究是借留守儿童的孤独"资源"，与在外地打工的父母开展书信往来，长期交流，激起写信的兴趣，形成一种内驱力，在不断的交流中享受父爱母爱的同时，又规束自己的行为，达到培养人的目的。

三、课题界定

1. 关键词界定

本课题"农村留守学生"指的是父母亲常年在外打工，由于种种原因不能随父母一起生活，被遗留在农村，与爷爷奶奶、外公外婆以及其他亲戚朋友共同生活的特殊学生。

"良好习惯养成"在这里仅指留守学生良好的学习、生活、做人习惯的养成。

"书信往来"指留守学生给父母、老师、同学写信，然后对方针对来信又回信，一来一往，传情不断。

2. 课题界定

"以书信往来促进农村留守学生良好习惯养成研究"是指针对农村留守学生存在的习惯问题进行调查，通过教师的引导，让留守学生与父母、老师、同学进行书信往来，在信的诉说中，指引、催化、增进农村留守学生良好习惯的养成。

四、研究对象与方法

1. 研究对象

本课题以常山县新昌小学三、四、五年级的198个留守学生作为研究对象，其中选取五年级20位有代表性的留守学生进行个案跟踪研究。

2. 研究方法

主要以问卷调查法、行动研究法和个案研究法为主，辅之以测验法、比较法和文献法等。通过问卷调查和访谈等形式来摸清学生学习习惯和学习品质的现状，找出问题所在。行动研究是根据调查的结果，在教学中结合学科教学或者活动，进行培养良好学习习惯和学习品质的实践。个案研究是实践尝试后以点带面的分析和归纳。坚持理论与实践相结合，定性分析与定量分析相结合，个案调查与综合调查相结合，重点测试、个别走访、小型座谈等多种方式并举综合分析研究。

五、操作措施与做法

1. 组织学习，更新观念，提高认识

为把这项工作真正落到实处，学校组建了关爱留守儿童工作领导小组，校长任组长，全面负责书信往来课题管理；三至五年级语文教师负责本班留守学生书信往来辅导；课题组成员负责问题沟通，个案收集。上下联动形成了全方位的管理体系，分工明确，责任到人。

教书育人的成败，关键在教师。课题研究能否顺利地开展，关键在于教师的教育观念是否符合时代的要求。而教育科研又是更新教育观念、永葆教育发展的生机与活力的有效载体，是将先进的教育思想转化为具体的教育实践的必由之路和必经过程。新昌小学是常山县一所偏远山区小学，也是一所发展势头强劲的省示范性小学。全校13位语文教师均在30岁以下，教师课题研究、理论功底缺乏。因此，在实施研究前，我们组织全校

教师深入学习。一方面，集中学习有关习惯培养方面的书籍，了解习惯培养的内涵与外延，课题研究的意义和步骤，组织教师仔细研读留守儿童相关报道，认真琢磨，寻找分析存在的问题根源，更新教师的教育教学理念，掌握相关理论经验；另一方面，选派8位优秀教师赴杭州、萧山等学校学习先进的教育科研经验，在研究实践的过程中，我们珍惜每一次与专家的交流和研讨，进一步提高了教师实施课题的技巧和能力。

经过一年多时间的充电学习，大部分教师对学生习惯养成研究有了更深刻的认识，对课题研究的过程更规范，方法更科学，成果更有效。

2. 建立留守学生档案，掌握第一手材料

为了掌握留守学生的情况，解决留守学生的问题，学校为三至五年级的198名留守学生建立了档案，主要包括留守学生的基本情况（家庭情况、生活习惯、学习兴趣、课外阅读、家庭学习、交往、爱好等）、在校日常行为表现、情感态度表现、学生发展过程中的有关评价以及最好的朋友及其情况。通过认真分析综合，在掌握学生在校表现的同时，了解学生的各种行为习惯和生活环境。另外，各班还建立了"老师信箱""心情日记"等平台，以便及时掌握学生的学习心理和生活心理。一系列的操作使得我们掌握了第一手材料，为实验的实践奠定了基础。

3. 围绕课题，狠抓书信往来管理

我们培养学生良好的习惯是运用教育学、心理学、社会学、行为科学等多种学科的理论和技术，通过书信往来的形式，帮助学生纠正不良习惯，克服成长过程中的心理问题，取得积极的生活、学习、做人的习惯。课题在内容上侧重于留守学生学习、生活、做人习惯的背景调查、成因分析和对策研究，帮助学生获得适应与发展，增强自我教育、自我矫治的能力。在途径和方法上，侧重于"一主两翼"，"一主"：指"两地书"即留守学生每月给在外地的父母亲写一封信，父母亲又给自己孩子回信。对于家长的回信，涉及习惯的要跟踪教育引导，留守学生初步养成一些良好

习惯，教师要及时肯定并给予表扬。每次学生信寄出，家长信寄回，各班学生都要进行登记。信的内容，由学生自己决定是否给老师看，或是否公开。"两翼"：指通过班级"心情日记"与同学间、通过"老师信箱"与老师间在纸上自由谈心。"心情日记"班主任必须天天看，一周内至少一次留言。"老师信箱"必须做到有信必复，不能公开的私下传递。教师发现教育个案，及时辅导研究，并辅之定期教育、适时矫治和过程评价等多种方法。

4. 针对书信内容，有机渗透习惯的培养

心理学表明：兴趣是最好的老师。要使学生坚持书信往来，必须采取灵活多样的方式。我们每周开设介绍一则书信趣闻、朗读一封"两地书"（同学与家长书信）时间，激发学生的写信欲望。

我们要求教师每次介绍或朗读都要做充分准备，书信趣闻，同学书信，都要立足学校，立足学生。在介绍趣闻、同学书信时，要与习惯有机结合。不能仅仅为了讲书信而讲书信，也不能只为了讲趣闻而讲趣闻。这样文道有机结合，潜移默化培养学生良好的习惯。叶圣陶先生说："习惯是从实践中培养出来的，知道一点做一点，知道几点做几点。积累起来，各方面都养成习惯，而且都是好习惯，就差不多了。"

在书信介绍、指导过程中，我们根据信的内容，有机融合预习、复习习惯，听的习惯，读的习惯，独立作业的习惯，遵守纪律，尊老爱幼，热爱劳动等习惯的养成的引导。让学生在不知不觉中受到感化，形成习惯。

5. 家校同步，促进学生良好习惯的养成

在与家长的书信往来中，学生思想是脆弱和可塑的。教师与家长的教育必须一致、同步。当我们发现家长来信中讲到孩子要听外公外婆的话时，我们就积极配合，做好学生尊敬长辈的教育；当我们发现家长来信中讲到孩子偷窃或失窃时，我们就要在班级中进行不拿他人东西的教育。我们每学期召开家长会至少一次，教师每月要与留守学生监护人联系一次。监护人发现孩子有习惯变化，通过电话转告家长，然后让家长通过书信向

孩子传达，这样家校多方配合，形成封闭的教育网络。

6. 书信交友，提高学生写信的兴趣与水平

书信交友是学生情感流露、畅所欲言的有效方式和个人空间，它具有学生所谓的"高要求""严管理"的现实生活中所不及的愉悦和豁达。针对这样的心理与现状，我们开设了书信交友活动，通过结对与萧山湘师附小的50多名学生进行书信往来（这些萧山学生均到过我校，并与大部分留守学生有过面对面的交流，感情融洽，友谊深厚）。在书信中，介绍自己学习生活情况，在交流中关注自己及伙伴习惯养成，并对自己的行为做出正确的判断、选择与反省，及时调控自己不正确的行为。

当然，给笔友写信，我们要求：一要有感情，二要有重点，三要语句通顺，消灭错别字，力求写出自己的最高水平。

六、课题研究结果与分析

1. 促进了留守学生良好习惯的养成

在书信往来中，教师真正把学生当作学习的主人，把学习的自主权与主体地位还给学生，把学习的时空还给学生，让学生自主地与家长、教师、同学交流。我们在研究中发现，留守学生习惯的改变是巨大的。（见下表）

习惯内容	一年前	一年后	测试办法
忘戴红领巾、学习用具	4—5人次/月	0—1人次/月	班值日每天记录
作业完成，按时上交率	75%左右	95%左右	各科课代表统计
有预习复习习惯	5—6人/天	基本养成	各班教师检测
上课铃响迅速进教室，静等老师上课的	超过3分钟	1分钟内	各任课教师
乱丢纸屑	6人次/天	0人次/天	班卫生检查员

续表

吵闹、打骂人现象	时有发生	杜绝	班级日志上每天记录
玩游戏机、偷拿同学钱物等严重违纪事件	2人次/月	杜绝	班级日志偶发事件栏中记录
要做家务的学生比率	不到50%	90%左右	学生座谈会、家长会、家校联系本上每天记录
听监护人教育的	20%	80%左右	家访记录
懂礼貌	6—10人/班	基本养成	各班调查、家长会了解
爱吃零食、乱花钱	80%左右	不到20%	班卫生检查员
……	……	……	……

在检测中，我们发现学生在孝敬父母、尊敬老人、关爱他人、勇于承担责任、诚实、赖床、乱涂乱画、喜欢打人、依赖别人、说粗话、沉迷电视等方面习惯改变最大；其次是乱扔东西、节约减少浪费、挑食、偏食、抵触老师、不注意护眼、磨蹭拖沓等方面；最后是不爱阅读、不爱问问题、主动学习等方面。简言之，就是做人方面学生最容易接受，生活方面次之，学习等方面最困难。

孔子说："行有余力，则以学文。"小孩子在做人方面内容比较浅显，学生易学。我们学校正在开展儒家校园文化建设，学生时常向家长介绍学校开展的礼仪教育，教学效果自然好。在生活方面，坏习惯已养成，需要不断地提醒。

五年级有个叫黄益明的学生，很听父母亲的话，但父母亲在江苏开家具厂，自己跟着外婆。那时，外婆经常到学校叫老师帮助教育，说黄益明在家不听话，每次吃饭时，一看菜不好吃立即就扔下不吃，在家一天到晚看电视，作业不做，还总跟她顶嘴，爸爸妈妈远在江苏，鞭长莫及。但通过学校书信往来课题开展以后，黄益明积极参与，主动写信，父母亲诚恳地回信，一次又一次打动他，他也真诚地回复，许诺要听老师、外婆的话。老师把他的信在全班诵读，《衢州日报》也刊出他的书信。承诺的话，同学都是证人，都是监督者。因为书信，他承诺；因为承诺，他改变了。一年下来，他的很多坏习惯都改了，学习成绩由班内十五名进入前五名了。

习惯的养成受环境、家庭指导督促的影响，学习枯燥乏味又带给学生极大的负担，所以学习积极性不高、主动性不强是可以理解的，但随着沟通的深入，习惯必然得到改变。

2. 培养了留守学生积极乐观的人生品质

书信往来，学生乐此不疲。学生通过书信往来，养成了良好的习惯，开始展现出学习不马虎、不虚假、不停步、做习题专心致志、善始善终的状态。同时也培养了学生自信、乐观、积极、独立自主、宽容别人、善于合作、自我克制的良好品质。

如四年级有位叫张敏的同学，原来写字很潦草，作业经常不交，常常受到老师的批评，但自从加入与父母亲写信的活动后，写字更清楚了，作业完成也更及时了，时常还受老师的表扬，现在学习也更自信、更积极乐观了。

3. 改变了农村学校沉闷的校园

农村学校由于受家长、教师的影响以及经济条件的制约，师资力量不强，教学质量不高，教学也得不到普遍重视。我们开展了"以书信往来促进农村留守学生良好习惯养成"的活动，虽然选取的角度小，实验的范围窄，但家长反响强烈，教师兴趣也浓厚，学生习惯改变的成效显著，在社会上也引起了极大反响。

《衢州日报》曾用三个大专版，专题报道新昌小学开展"两地书"关爱留守学生情况。省妇联副主席赵玲也亲临新昌小学调研，并号召全省各地推广常山新昌小学开展"两地书"活动。

"常妇儿工委〔2007〕1号文件"中写道："推广常山县新昌小学试点工作经验，鼓励'两地书'，让亲情对接亲情，最大限度地发挥远在他乡的父母的关爱、教育功能，以书信交流为平台，积极指导留守儿童与家长们进行

'两地书'亲子交流；设立'刘老师信箱'，以向老师倾诉心事为切入点，开启学生内心思想之窗。"

2008年6月，中央电视台"三农"人物走进常山大型演出，还专门安排了新昌小学留守儿童接受央视主持人张玮的访谈，介绍了留守学生与家长开展"两地书"情况。2008年5月，本课题组组长、学校校长刘芳赟被评为衢州市关爱留守儿童工作先进个人。2009年5月，以书信往来促进农村留守学生良好习惯养成研究在衢州市关爱留守儿童工作表彰会上交流推广。

书信往来之所以能有效地促进留守学生良好习惯的养成，得到社会各界广泛关注。我们认为：

书信往来以学生情感为脉络，以交流日常生活学习为内容，以《小学生守则》《小学生日常行为规范》为准则，并融进了自己的体验感悟，它是养成教育、能力培养的载体、手段。

书信往来具有竞争性、激励性，这符合学生心理特点。小学生天性喜欢新事物、新信息，收到对方来信是一件很高兴的事。我们正是借助期待交流来帮助学生获得成功。在书信往来中长者多以鼓励、表扬为主的鼓励性评价，适合其心理要求，反复推动兴趣，提高人的成就动机。学生的行为习惯在反复地交流成功中得以养成、巩固。

书信往来，注意调动校内外各方面的教育力量，多方配合，形成一个强大的教育网。学校家长要积极配合，教师监护人经常互访，伙伴相互督促，从而有效地规范言行。班主任与任课老师要积极配合，齐抓共管，如对课前准备、课堂纪律、作业按时上交等进行训练，形成合力效果好。社会、舆论要积极参与，引起有爱心的人加入，让学生家长参与的积极性得到持续保持。

七、进一步思考的问题

经过两年的研究，书信往来得到了广大家长、老师的大力支持，研究按预定计划顺利完成，取得很好的成效。实验证明，书信往来对促进小学生良好行为习惯的养成是切实可行的，具有一定的操作性和推广价值。

本研究由于各方面的条件限制，还存在以下一些问题：

首先，书信往来，受到学生写作水平、投入的积极性，家长教育意识、知识水平的影响，在一个时间段里习惯养成是动态的、变化的，这就增加了习惯养成的难度系数。

其次，留守学生监护人年龄都比较大，他们只重视吃饱穿暖，对于其他习惯养成不够重视，加之监护人大多不识字，留守学生与家长之间的信件他们都看不懂，不能有效沟通，这也影响了教育的成效。

最后，农村学校或留守学生住所，交通不便，信息闭塞，收发信件受到限制。许多家长也因为打工所在地为临时场所，没有固定地址，不能接收信件或只能依靠他人转交，影响书信往来。

新昌小学教学质量现状调查与思考

新昌小学是常山县最偏远的农村山区小学之一。由于交通不便，信息闭塞，一度成为被常山县教育系统遗忘的角落。2005年至今，学校乘创强之风，借改革之力，实施精细化管理，创建特色校园，取得了可喜的成绩。在这一过程中，学校先后被评为省示范小学、省标准化学校、省绿色学校等，学校知名度、美誉度不断攀升，但由于学校教学基础薄弱，质量滞后，可持续发展受到严重挑战。为更好地提升学校品牌，研究学校教学质量提升成为当务之急。

一、新昌小学当前教学质量现状

1. 学科成绩有待提高

教学质量是学校的生命线，是学校工作的出发点和归宿。近年来，新昌小学无论在学校的办学思路和具体管理措施上，还是学校领导、任课教师日常工作中，都可以看出质量意识在不断增强。从2006年、2007年、2008年县教研室对教学质量综合评价统计来看，新昌小学分别排在全县25所小学的21名、17名、14名，学校教学质量在不断提升。但仅看终端量化评价中的学科成绩就显得不够清楚，学科成绩不够稳定。比如2008年上半年的县统考学生成绩有了大面积的提升，但下半年县统考学生成绩又大面积下滑，当然这里有一些客观原因，如考试时，新昌小学一年级老师不读题而其他学校读题；英语听力部分，由于磁带受潮，学生听不清楚；四、五、六年级英语教三年级教材，实际考的却是四五六年级试卷等。排除一些客观原因，仍可以看出学校教学质量在全县排名还是比较落后的（见表1）。

表1 新昌小学2008年下半年统考科目全县排名

	一年级	二年级	三年级	四年级	五年级	六年级
语文	第24名	第15名	第19名	第19名	第13名	第10名
数学	第25名	第7名	第10名	第19名	第8名	第10名
科学	/	/	第24名	第21名	第18名	第7名
英语	/	/	第18名	第22名	第23名	第24名

2. 学生技能有待加强

近三年，学校在县音体美技能测试中，取得较好成绩。特别是音乐美术每次合格率都在95%，优秀率在60%以上。学校的舞蹈队取得了前所未有的成绩。2006年获县文艺汇演二等奖、市三等奖；2007年获县农民文艺汇演优秀奖；2008年获县文艺汇演二等奖、乡镇学校第一名。毕业的舞蹈队学生现在成了常山县大部分初中学校的舞蹈骨干，但横看学校每年音体美技能测试，不难发现学生不平衡，老师重视的学科技能强，不重视的学科技能弱。比如体育，抽测班级学生成绩大都不理想，每年县运动会也没拿过锦旗；书画比赛至今也没有学生拿过县级及以上的一等奖。

3. 教育科研有待突破

教育科研能够促进学校教师队伍的建设，促进学校管理水平的提高，促进学校教育教学质量的提高，是创名校创特色的重要途径。新昌小学近两年的教育科研数量有了很大提高，质量也明显提升。但也发现，教师参与教研热情不高，面不广，档次不高（见表2）。2008年全乡撰写教学论文、主持参与课题研究的教师31位，占教师总数的56%。其中，中老年教师有21位，撰写论文的仅3位，仅占中老年教师的14%。论文获奖发表的仅限于几个年轻教师，2008年新昌小学获奖发表总数58篇次，其中有一位教师就占了7篇次，另一位教师占了6篇次。同时，我们还看到，许多教师投入科研花了较多精力，但科研与教学仍未能很好地结合，科研的作用仍未能很好地发挥，因而对教学的发展、教师的发展、学校的发展促进仍不够大。仍未能真正做到通过课题研究推动教育教学质量的提高。

表2 2008年新昌小学教科研情况

	报刊发表数			论文获奖数												课题获奖数		
	县级	市级	省级以上	县级			市级			省级			国家级			县级	市级	省级
				一等奖	二等奖	三等奖	一等奖	二等奖	三等奖	一等奖	二等奖	三等奖	一等奖	二等奖	三等奖			
新昌小学		1	5	8	16	19	1	1	4		1				1		1	
全县小学	48	55	118	145	260	498	34	43	91	2	6	10	2	2	2	73	23	1

二、影响教学质量的成因分析

造成新昌小学教学质量还不够理想是多方面的，我们认为主要有以下几个方面的原因。

1. 教师原因

主要是教师结构两极分化，教师之间原有的基础不同，教学水平差距大，发展不够平衡，部分教师教学基本功不够扎实，教学技能不高，独立钻研教材的能力还不够强。教学方法、教学手段还有待进一步改进。

比如我们在调研中发现，新昌小学村完小90%是50岁以上老年教师，中心小学80%是30岁以下的年轻教师（见表3）。

表3 新昌小学中老年教师分布情况（新昌小学包括一所中心，七个教学点）

	教师总数	30岁以下		31—45岁		46—50岁		51—55岁		56岁以上	
		人数	比例	人数	比例	人数	比例	人数	比例	人数	比例
中心	32	21	66%	3	9%	2	6%	2	6%	3	9%
猷辂	2									2	100%
郭塘	2	1	50%							1	50%
下徐	2			1	50%					1	50%
岩前	2							1	50%	1	50%
达塘	2									2	100%
泮源	4	2	50%	1	25%					1	25%
对坞	3	2	67%							1	33%
全乡	49	26	53%	6	10%	1	6%	4	8%	12	25%

造成这样的原因首先是学校偏远，师范生不愿进，只依靠当地的一批民办或代课教师站在教学一线，后来他们逐渐转为公办，年龄也越来越大，便在当地扎下根来。这几年这一批老教师逐渐退休，于是新毕业生不断涌入，仅2006年、2007年、2008年三年学校就分配新毕业生17人，占教师总数的35%。新昌小学教师结构两极分化，给学校的各项工作造成很大影响。首先是老教师文化基础低，2005年常山县小学教师业务考试，新昌小学80%的老师是D、E级，为全县不合格等次最多学校。其次，老教师缺乏学习，加上平时包班，一天到晚忙于课堂，根本没有时间去更新知识，教学基本上停留在穿新鞋走老路的状况。年轻教师刚进入教师队伍，但他们教学经验不足，心情浮躁，不安心山区教育。2008年调查显示新昌小学90%的年轻教师想调出新昌，原因是交通不方便。这些年轻教师感到在偏

远山区教学，前途渺茫。正常调不出，就潜心备考公务员，身在曹营心在汉，也严重影响教育教学。当然，学校教研活动不规范、缺乏优秀教师引领、层次低、教研氛围不浓等都直接影响到教师素质的提升。

近年来，新昌小学骨干教师的培养，无论是数量还是质量都远未能适应教学质量提升的要求。教育有自身的规律，教学也有自身的特点。教师有一个学习、成长、发展、成熟的过程，没有一定的沉淀和积累，教师短期内难以形成个人的教学风格和特点。

2. 学生原因

新昌小学是个典型的偏远农村小学，学校布局散，教学点多。泮源、对坞小学距中心小学就有20公里左右，一路都是盘山公路。全乡至今不通中巴车，平时学生往返都靠步行，每周五下午学校1点多就放学，学生的正常学习时间比其他同类学校少半天，也影响了质量的提升。新昌小学留守学生多（见表4），平时缺乏教育，学生的学习和生活习惯较差，也影响着正常的学习。

表4 新昌小学学生分布情况

	班级数	学生数	留守学生数	占学生比率	寄宿学生数	距中心小学路程
中心	13	454	305	67.2%	236	/
猷辂	2	48	32	66.7%	/	8公里
郭塘	2	29	14	48.3%	/	6公里
下徐	2	30	21	70%	/	11公里
岩前	2	27	20	74.1%	/	9公里
达塘	2	16	14	87.5%	/	14公里
泮源	5	44	32	72.7%	/	21公里
对坞	2	22	16	72.7%	/	17公里
合计	30	670	454	67.8%	236	/

3. 家长原因

在调研中发现，新昌小学的学生家长大部分以在外打工收入为主要经济来源。他们常年在外，挣来的钱用于回家造房子，造好房子又外出，很少顾及孩子的学习。即使回家，也是走亲访友，处理杂事，来也匆匆去也匆匆。有的家长一年到头也难得回家一次，对孩子的学习不够重视，对学校教育不够配合。我们还发现学校有20%左右的学生来自单亲家庭，从小缺失亲情，性格孤僻、内向，对学习不感兴趣。

4. 学校原因

学校配套设施还不够完善。虽然新昌小学基础设施得到极大改善，特别是在创强过程中，各类配置已达到省标准化学校三类水平，其实学校的设施还远没有达到布局调整后的学校需求。首先是专用教室内的配套设施缺乏。比如实验室有了，但桌椅破旧，实验器材少；劳技器材有了，但没有橱柜摆放。其次是音体美实验器材的缺乏。最后是学校电脑陈旧不能使用，信息技术课停上。学校的教学管理比较粗放，比如教导处对教师参加校本教研缺乏明确目标要求，过程缺乏监控，形式大于内容，对教师的培养缺乏长远规划。

近几年，新昌中心小学的办学条件得到极大改善，学校音体美教学成效明显，但村完小教师老化，学生学的基本是语文、数学，到了高年级并入中心小学后，学生素质差异明显。如中心小学的六年级，仅英语课程有的已经学了三年，有的学了两年，有的一年也没有学；音乐课，有的村完小读完一、二年级，一首歌也不会唱，因为那些学校都是50多岁的老教师，自己都不会唱，当然也就没有开设音乐课了。

5. 经费原因

近年来，虽然学校公用经费由每年每生230元，调到300元，现又调到350元。但新昌小学炊事员多，要发工资并买物资；年轻教师多，要提高培训；教学点多，管理成本高；路途远，交通费多等较大开支，严重制约着学校发展。学校必须勒紧裤带过日子，学校很多活动时常想开又不得不停开。比如中心小学下村完小上巡回课，村完小教师到中心小学挂职只能一学期搞一次或派一两个人；期中考试各教学点自行组织；教学点常规检查每学期只能一两次。由于经费紧缺，学校食堂建造就过于狭小，学生必须分批就餐，增加教师管理工作量。由于经费少，学校没有足够的资金用于教师教学质量奖励，教师积极性难以调动。

三、提高教学质量的对策与措施

1. 针对教师

加强业务学习，加强理论学习，更新教学理念，提高教师教育教学的能力。优秀的学生，来自高素质的教师。建设一支高素质的队伍是全面提高教学质量的关键。因此，下阶段学校教学工作要以转变教学观念，提高教师教学水平为重点，树立正确的教学观、质量观和学生观，紧密结合基础教育课程改革，加强教师队伍建设，通过课程改革，促进教学观念的更新，带动教学模式、教学方法的改革，努力提高教师教学设计与实施的能力，缩短教师之间教学水平的差距，使学校的教育教学工作不断地适应社会需要、学生发展。

开展有效教学，以新课程理念优化课堂教学，提高教学效益。课堂教学是实施素质教育的主要渠道，是学校的中心工作。只有以新课程理念优化课堂教学，才能提高我们的教学效率，提高教学质量。因此，要进一步加强教师集体备课与校本教研，切实提高其计划性、针对性和实效性。面向全体学生，关注中下生，加大对中下生辅导力度，在切实减轻学生过重负担的前提下，努力缩小差生数量。倡导自主探索与合作交流的学习方式。探究如何使信息技术与课堂教学有机整合，努力把先进的教学理念转化为教学行为，全面提高课堂教学的质量和效率。

提升科研能力，以教育科研为先导，提高教学实效。根据学校的实际，把科研课题的研究与教学实践紧密结合，使教育科研为教学服务，为教师发展服务，为学校办学水平的提高服务。更新教学理念，改变学生学习方式，改革考试制度，改革对学生学习的评价方法，发挥教师在提高教学质量中的主体作用，充分利用各种教学资源，发现和培养学生的特长，努力形成"校有特色，教有特点，生有特长"的教学局面，通过课题研究，真正推动教育教学质量的全面提高。

2. 针对学校

加强教学常规督查。学校制定切实可行的教学常规管理制度，并不折不扣地执行。学校要有详细的教学质量提升计划、督查计划，并将这些结果计入教师考核。

提升教学服务意识。学校所有工作都要为教学服务，无论是总务后勤，还是安全保卫，或者是基础建设。学校的所有中层领导要以教师教学需要为中心，提供优质服务，让教师能全身心扑在教学上。

促进家校主动沟通。学校要建立家校沟通制度，每学期每班必须开展家长会一次，教师每学期必须到学生家中家访一次。平时家长来校要热情接待，主动服务，共话孩子教育，使家长的心与学校连在一起。

3. 针对学生

养成良好的学习习惯。叶圣陶说，小学就是习惯的培养。所以从一年级开始，教师就要培养学生良好的读书、写字、说话、作业、预习、复习、订正等学习习惯。通过一两年的训练，使学生能做到自觉学习，变"要我学"为"我要学"。

营造良好的学习氛围。学校图书室随时对学生开放。早读、晚习课做到老师在与不在一个样。学生能够自觉主动学习。校园内形成比学习、比进步的良好氛围。

参与多彩的校园生活。学校定期组织读书节、体育节、艺术节等活动，学生要积极参与作文比赛、知识竞赛、书法比赛、解题大赛等，丰富自己的生活。

四、学校可持续发展进一步思考

1. 完善中心小学各项配套建设，实施全乡师生寄宿制

将学校资源利用最大化。新昌小学由于布局散，教学点多，学校教学质量不高。但随着家长教育意识的增强，享受优质教育资源的需求越来越强烈。实施寄宿制显得非常必要。在调查中发现，80%的村完小学生希望到中心小学就读，原因是中心小学条件好，可以学更多的东西；70%的家长想让孩子到中心小学就读，但由于孩子太小，生活不能自理，勉强让其孩子就近入学；15%的学生跟随父母亲转至杭州、苏州等外地打工处学习，家长为自己照顾孩子方便了，但外面的开支难以支付，所以希望学校实施寄宿制，孩子在家乡读，自己放心也少烦心。如果新昌小学实施寄宿制后，可以将轨辂、达塘、郭塘、下徐、岩前、对坞6个教学点撤并，然后将原校园用于幼儿教育。

给予寄宿制学校相关政策。寄宿制学校，财政应适当加大公用经费的拨付，因为这里需要更多的水电费、晚上值班人员补贴、生活指导老师工资等。

教师利用可以最大化。一些年纪大的老师，不适应教学，学校可以根据这些教师自身情况安排至生活指导、图书管理、门卫、食堂管理、花草养护等岗位。

2. 实施"改、补、奖、颂"制度，留住山区优秀教师

新昌小学教师住宿条件差，中心小学31位教师中有29位外地教师，他们都住校，并且都是两人以上住一个房间，有的一家人吃住仅在一个十来平方米的小房间，有的四个大青年教师挤睡一个大教室。下一阶段学校要争取上级及时规划新建教师宿舍楼，改善教师住宿条件，也很重要。

边远山区学校优秀教师留不住，主要原因是交通不方便。我们调查发现新昌小学教师想调出新昌，哪怕调到附近的芳村小学他们也愿意，原因就是这里不通中巴车，交通极不方便。一年除了少同类学校教师1000元多用于坐

车，相当于少发一个月工资外（村完小更多），进出还不方便，信息闭塞，男的娶不了，女的嫁不出。有了一点成就的老师，都想走，也更有资本走，一有机会就调走了。如果条件成熟，由学校、老师、政府三方各出一点力，每周开通一趟到常山的教师接送车。那么这儿的老师会更安心。

县教育部门或政府部门每年表彰的边远山区教师基本上都是有三四十年教龄的老教师，他们原来就出生在此地，生活在此地的。其实现在还有很多外地在边远学校工作了十年二十年的优秀教师，应给予更多的关怀与奖励，让他们安心山区，扎根边远。

边远山区学校教师一般都勇于奉献，但比较内向，不太张扬，所以县教育局应提供一个平台，宣传新昌那些扎根山区的优秀教师，让他们的事迹家喻户晓，激励年轻教师扎根山区。

3. 打造浓厚的儒家书香校园文化，实现农村一流学习环境

加强学校文化建设，创建具有独特品质魅力的学校文化，是提升教育内涵的重要方面，是一所学校持续发展的核心动力，也是促进学校教育可持续发展不可缺少的要素。新昌小学自2005年开始积极打造儒家校园文化，并取得了可喜的成绩。但总体来说，品位还太低，成效还不明显。

继续实施儒家校园文化建设方案。新昌小学虽然有点儿文化气息，但与"精致的校园文化"还有很大差距，学校下一步就办公室、教室、寝室等文化需逐步落实，每一细处都充分利用，让校园形成儒家教育思想的大火炉。

开展特色的儒家校园文化活动。学校在开展读背《论语》《三字经》，学唱《大同颂》，举办书画展基础上，再将儒家文化知识融入学科教学中，渗透学生行动中，促进学生更全面地发展。

实施礼仪特色教育。儒家思想非常注重礼仪教育，新昌小学留守学生多，从小礼仪教育缺失，学校下一步在规范学生衣着的基础上，开展举止礼仪、谈吐礼仪、家庭礼仪、生活礼仪等系统教育，实现教书育人。

新昌小学在教育发展过程中遇到教学质量不高的原因是多方面的，但在对待这个问题上，学校每一位教职工都应该有清楚的认识，并树立正确

的态度，不丧失信心，不安于现状，客观面对，冷静分析，从主观上找到解决问题的方法，并积极实践，那么新昌小学教学质量的大提升、学校工作全面协调持续发展指日可待。

教师的生活幸福吗？幸福生活从哪儿找？

为了了解城乡教师的生活是否幸福，我曾抽取了以杭州市饮马井巷小学为代表的省城学校，以常山县天马一小、天马二小为代表的县城学校，以常山县钳口中心小学、常山县辉埠中心小学为代表的乡镇小学中的178位教师作为对象，以问卷与访谈形式对这些教师的生活进行了调查与分析，寻找答案。

一、调查结果显示

省城教师对自己在校工作幸福程度相对县城、乡镇教师要低。（见表1：幸福度最高的是县城学校，占了教师的一半。而省城学校的教师有五分之一认为自己生活得并不幸福。）

表1

学校	教师自我认为在校生活幸福程度			
	很幸福	比较幸福	一般	不幸福
省城	0	11.91%	66.67%	21.43%
县城	7.46%	55.22%	31.34%	5.97%
乡镇	3.85%	42.31%	46.15%	7.69%

二、结果原因分析

1. 省城教师比县城、乡镇教师压力大（见表2）

大部分教师都感到自己的压力比较大，特别是省城的教师压力最大，竟达90%。县城教师的压力大于乡镇。

表2

学校	教师自我认为在校工作压力		
	比较大	适中	较小
省城	30.95%	9.52%	0
县城	55.22%	19.40%	0
乡镇	61.54%	28.85%	1.92%

原因当然也有。其一，在认识上。省城人才多，竞争激烈，不努力就有被淘汰的可能。县乡学校规模小，教师少，优秀教师更少，优劣教师之间差距小，自然教师之间竞争比较小，导致教师看不出与其他教师有太大的差距而安稳度日。其二，在机制上。省城学校，校长办学自主权大，学校机制灵活，要求教师竞争意识明朗。如省城学校实行了结构工资制，"多劳多得，少劳少得，不劳不得"；教科研奖励制，"省级发表获奖100元，国家级发表获奖200元，一篇又一篇，一次又一次"，极大地刺激了教师的积极性。而县乡学校受县教育局影响，人事权、财经权受压制，校长不能制定良好的教师竞争激励机制，仍处在"吃大锅饭"的原始状态，"干好干坏仍然一个样""反正在最基层"，教师无外驱动力，无明显的危机感。

2. 省城教师工作比县城、乡镇教师繁忙（见表3）

省城教师最忙，几乎无空闲。县城学校教师相对乡镇学校稍忙。

表3

学校	教师自我认为在校工作时间			
	很忙	比较忙	适中	较空
省城	80.95%	19.05%	0	0
县城	55.22%	37.31%	7.46%	0
乡镇	15.38%	69.23%	11.54%	3.85%

表现在：其一，作息时间上。省城学校与县乡学校教师作息时间虽然在校大都是7小时，但相互利用时间完全不一样。省城学校教师到校值日需定时定点定岗、中午吃饭需午管、早操需跟班、放学需护送等，而县乡学校无午管，值日、早操、护送等都无规范要求，教师比较自由。其二，校内外活动上。调查中发现，县乡学校平时活动的策划仅局限在一两个人身上，承担的活动几乎仅在于校内的相互学习上，教师无压力，乡镇学校显得尤为突出。而省城学校一年到头活动频频，参与人多，场面浩大，每项活动策划及参与者都需精心准备，只许成功，不许失败，所以常常有"两眼一睁，忙到熄灯，闭上眼睛还想学生"的场景。如家访省城学校一学期教师家访在13次以上者达44.44%，利用工作之外时间去家访者占64.44%；而县城学校占29.41%与33.82%；乡镇学校仅占3.85%与29.93%。其三，工作量上。省城教师工作量大，每周课时数在7—12节的教师占11.11%，每周课时数在13—18节的教师占66%，每周课时数在19—24节的教师占24.44%；县城教师占59.7%、29.85%与10.45%；乡镇教师占48.15%、51.85%与0。

3. 省城教师收入满意程度不及县城、乡镇学校教师（见表4）

省城教师对于自己的收入大部分不满意。而县城乡镇教师对自己收入不满意者较少，大部分都认为自己的收入一般或比较满意。

表4

学校	教师觉得自己在校收入			
	满意	比较满意	一般	不满意
省城	0	0	38.10%	61.90%
县城	1.49%	25.37%	50.75%	22.39%
乡镇	3.85%	19.23%	57.69%	19.23%

　　省城教师收入满意度比县乡学校教师低，并不是省城教师收入没有县乡学校教师收入高。据调查，省城教师工资远不及周边人群的工资，县城教师工资略低于周边人群工资，而乡镇教师的工资远远超过周边人群的工资。所以在认识上，省城教师收入满意程度小于县城，县城小于乡镇，是自然而然的事了。而受到周边环境影响，特别是省城部分学校教师收入还低于周边同类学校教师工资的，他们就更显得心理不平衡，因而顾虑重重，甚至有的自暴自弃，生活压力大。

4. 省城教师对未来前景焦虑比率远大于县乡学校教师（见表5）

　　乡镇教师对未来生活最有信心，焦虑者少，无所谓者多。而省城教师焦虑最多，对生活缺乏信心者占五分之一。

表5

学校	教师对未来生活的前景		
	有信心	焦虑	无所谓
省城	21.05%	68.42%	10.53%
县城	62.69%	26.87%	8.96%
乡镇	71.15%	17.31%	11.54%

　　省城教师由于工作压力大，收入低，工作繁忙，学校人际环境又是那样的陌生（见表6：县城教师人际环境最好，相较乡镇学校教师人际环境比省城学校稍好一点。）

表6

	教师觉得自己所在学校的人际环境		
学校	比较好	一般	有待改进
省城	52.38%	28.57%	9.52%
县城	56.72%	10.45%	2.99%
乡镇	73.08%	15.38%	3.85%

教师能不焦虑吗？县乡学校，教师工作压力小，工作舒适，人际关系又和谐，周边竞争又不那么激烈，显然对未来前景就不那么焦虑了。同时还发现，省城学校女性教师比男性教师更焦虑、中年教师比老年及青年教师更焦虑；乡镇学校则男性教师比女性教师更焦虑、老年及青年教师比中年教师更焦虑。主要原因分析认为：省城女性教师偏多，竞争对手强，易焦虑；中年是人生的转折，拼搏的关键时期，形势逼着"进！否则退。"乡镇学校的男性教师由于所处环境偏远，妻子许多都是没有工作的，既要养妻又要养儿女，负担重，年轻男性又怕影响着未来的婚姻、前程，所以着急；女性教师一般丈夫都有工作，自己工作竞争又不那么激烈，一般都怀着过得去就行的心态，所以生活有滋有味。乡镇学校近几年受教师素质提升的春风影响，素质不高的老年教师与经验不足的青年教师则常常提心吊胆，担心这样那样的考试评比等，因此顾虑重重。

5. 省城学校与县乡学校教师认识幸福程度存在较大差异

除以上几点外，其实还有家庭、社会、家长等诸多原因。但同时也因为本人选择该省城学校调查之时，是这所学校由两所旧校合并才两个月之际。教师间还比较陌生，学校环境还未熟悉，学校领导班子是全新组合，特别是一位新校长，年纪轻、水平高、要求严、理念新、点子多，教师们要适应这一切，需要一个过程，需要一个磨合期。因此，此时的调查数据在一定程度上也许存在着一些偏差。

让我们透过结果看现象。

1. 省城教师的幸福在哪里

从调查中我们看出，省城的教师们的工作压力大、时间紧、收入低，但他们都在不懈地努力着，追寻着自己的人生价值。其实这就是幸福！也许有的教师会说，工作已经把自己压得喘不过气来了，还有何幸福？其实，这时我们需要端正自己的视角，用享受生活的心态去面对，当我们在苦苦地追寻时，得到奖赏，得到肯定，得到回报，一次又一次，一天又一天，这不就是幸福吗？幸福就在努力地追寻并不断地满足中。

2. 县城教师的幸福在哪里

美丽的小县城，是那样的熟悉，那样的宁静，那样的舒适。走进校园，是那样的轻松，是那样的自在，那样的带劲。生活在这样的环境，工作在这样的地方，生命能不多几分亮丽？这里虽然没有城市的喧哗，激烈的竞争，但这里却有童年的梦想，生命的足迹，我们能不为在这平缓的生命进程中而平添几分律动？这份平缓，这份律动——不是幸福？

3. 乡镇教师的幸福在哪里

乡镇的教师是辛苦的，也是寒酸的，但他是最伟大的。因为他们摒弃了城市的浮躁，保存着圣洁的心灵，默默地静守着这方乐土。整天面对连绵大山，广阔田野，天真孩童，低矮瓦房，却传播着古国几千年灿烂的文化，引领着孩子们步入一个又一个飞天梦想，扪心自问，青春无悔。因为我们在这里辛勤地耕耘并无私地奉献着——这就是山村教师的幸福。

每一个人都会幻想自己的未来，设计自己的职业生涯，有个好工作，有个好的工作环境，有理想的薪酬，这当然是一个人最好的梦想，也是大部分人的追求。但我们既然选择了这个职业，那只有认真审视自己，摆正位置，自然会悟到：工作就是最美丽的，幸福是自己寻找的。

（本文发表于《教育信息报》2005年9月10日）

第三编

附　录

第八辑

媒体: 山城无处不飞花

一个老师和一所学校

这是一个山村教师和一所山村小学的故事。

朱建成今年60岁了,一直觉得教师这个职业既温暖又高大。45年来,他拉扯着无数个孩子的手,踩着泥泞的山路,守着那所山村小学。

朱老师这45年不容易,付出了很多,吃了很多苦,受了很多累,不过,他一直都在微笑着。

4月8日,记者来到这所山村小学时,朱老师正在上课。

见来了记者,朱老师放下课本,急急地迎了上来,第一句话就是:"教育现在这么受重视,真是孩子们的大喜事啊!"然后又急急地从抽屉角落里翻出一个铁盒子,里面有一些山里人自己炒的茶叶。

几句话后,朱老师又重新回到教室,继续上课。

一、一所学校: 一个老师十七个娃

这所山村小学,全名叫新昌乡达塘村达塘小学。现在是常山县新昌乡中心小学下属的一个教学点,位于距县城40多公里的大山深处。

学校校舍倚卧在达塘中心村东面的山脚下，白墙红瓦，据说是2002年一位水泥厂老板和当地政府共同出资建造的。

朱建成的家就在达塘村，离学校不远，从小就有当老师的理想。

1965年，他15岁，小学毕业，因为家境贫困，失去了继续学习的机会。后来碰上村里正好要办个"耕读小学"，他鼓起勇气找到村支书毛遂自荐，成了村里唯一的教书先生，开始了白天干农活，晚上到学校上课的生活。每天两个小时左右，只教大家认认字，这样坚持了3年多。虽然没有记一个工分，但朱建成心里有一种成就感。

到了1969年，他如愿以偿当上了民办教师。1986年，转为公办教师，开始每个月领100多元的工资。

目前的达塘小学，一年级8个学生，二年级9个学生，共17个学生同坐一间教室，组成一个复式班，加上老师朱建成，就是学校的全部规模。而事实上，早在几年前，学校的规模远不止如此。

每天放学前，朱建成都要把孩子们集合到一起，嘱咐路上要注意安全。

学校的学生分别来自达塘以及附近的铜山、祝家源三个行政村。早些时候，全校有6个老师，5个年级，上百名学生。进入20世纪90年代以后，村里开始有人外出打工，把孩子一起带到了城市里，学校的学生就渐渐变少了，从5个年级上百名学生减到了现在的2个年级17个学生，老师也只剩下了朱建成一个。

对于学校的这个变化，时至今日，朱建成并不觉得有什么遗憾，反

在这种独特的复式教学中，朱建成能像弹钢琴一样灵活跳跃，游刃有余。

倒认为这是好事情："孩子们在达塘读书，除了跳皮筋，几乎没有别的课余生活。可要是被家长们带到城里就不一样了，孩子有机会在城里读书，课余生活势必会丰富许多，学到的东西也会更多一些。"

琢磨着朱老师的话，记者看遍了整个达塘小学，发现教室外有张水泥浇的乒乓球桌，可惜球桌太高，对于还在读一、二年级的孩子们来说，根本够不着。

自己明年就要退休了，朱建成深知山里的办学条件有多差，孩子读书有多么不容易，不过，他一直希望山里的孩子也能像城里的孩子一样，获得更多、更好的学习机会。

二、一部传奇：讲桌上摆七本教材

上课铃声响起，17个孩子雀跃着鱼贯而入。一个老师，17个学生，教室里顿时传出洪亮的授课声。8个一年级的孩子听得津津有味，另一边，9个小家伙则在认真预习新课程。

尽管听课的仅有8名学生，但朱建成老师依然一丝不苟，把课讲得活灵活现。第一节课结束后，一年级的学生开始复习，第二节轮到给二年级的孩子们上新课。检查作业、讲新课、提问题，朱老师专注的神情，仿佛台下有上百名孩子在听讲。

自2003年开始独自守着达塘小学以来，朱建成早已积累下丰富的"复式教学"经验。来之前，记者就曾听人说，在这种独特的复式教学中，他能像弹钢琴一样灵活跳跃，游刃有余。他曾一人教三个年级的全部课程，最多的时候一个教室的讲桌上摆了七本不同课程的教材。

所谓复式教学，就是像朱建成这样，一个老师同时给两个以上年级的学生上不同的课，语文、数学等课程交叉并进，自学与授课互补。

对自己的这份工作，朱建成确实花了不少心思。早在改革开放之初，他渐渐意识到自己只有小学文化，教学生不够用，于是就去报考了当时衢师中专的函授。这种考试，在当时不比现在，很难，录取率连10%都不到。而只有小学文化的朱建成，是与其他很多初中、高中文化的人一起去报考的。最终靠着自己的努力，一次性就考上了，自费读了3年半，获得中专文凭。

除此之外，他还每隔一段时间就要到外面自费参加各类教师技能培训，内容涉及教师基本功、复式教学设计、计算机等。

三、一心付出：愿意留下发挥余热

朱建成从未耽误过一个学生，一心为学生付出，但心中还是不免留下了遗憾。这么多年来，他总觉得自己亏欠了家人许多。

记得刚分田到户那会儿，朱建成的两个女儿大的8岁，小的才1岁，可家中分到的2亩多田，2亩多山地，还有一片山茶林，都需要有人打理。别的老师中午都回家干点农活，可他中午却很少回家。好在有妻子徐美娟在家支撑，带孩子的同时，还承担了家里的绝大部分农活。这一切，妻子嘴上不说，可朱建成心里却总觉得过意不去。

朱建成中午不回家，是为了要留下来照顾学校里的孩子。孩子们的家，有的离学校几里路，最远的有十几里，中午回去不方便，也不安全，需要在学校里蒸饭吃。于是，朱建成就把这项工作主动承担了下来。既当老师，又当炊事员。

朱建成家最艰难的时期，是他当民办教师那会儿，工资少得可怜，加上无暇顾及家里的农活。妻子不止一次劝他别干了，到外面谋一份挣钱多的活儿干，其间也有两次可以走出大山到更好的单位上班的机会，但都被他拒绝了。

后来2002年，达塘小学要建新校舍。朱建成就又成了工地上最忙碌的人。虽然上级领导没让他管，但他总觉得这是自己和孩子们的学校，一定不能马虎。白天就在工地里帮忙干点活儿，因为他觉得有个人在边上，工人就不敢偷工减料了。晚上，他也时不时要去工地上转转，防止建筑材料被偷。

2003年，新学校建成后，朱建成又开始为校园的美化而忙碌。大山里，有的是花草树木。周末休息的时候，他就扛着锄头上山，挖些小树和野花拿回学校种。6年时间过去了，他当年种下的冬青、柳树等，都已长得枝繁叶茂。

过了今年，朱建成就要退休了，可他心里一直记挂着这里的孩子："只要孩子们需要，即使退休以后，我也愿意留下来发挥余热。"

——刊于《衢州日报》2009年4月24日 徐肖富 刘芳赟文/摄

守住一辈子的寂寞

清晨6时多，胡义和老师用左手骑着自行车，顺着山坳中弯弯曲曲的小路，来到了常山县新昌乡泮源村小学。在这个大山怀抱中的简陋小学校，胡老师教了40年的书，一手漂亮的左手板书也写了40年。

一、学校: 在偏远的山村

春意盎然的5月，记者来到泮源村小学，这是常山最偏远的学校。

泮源村小学有6位老师、61个学生。学校铁门的锈迹可见岁月的磨砺，黄泥操场略显高低不平，唯一的乒乓球桌有些"老"了。教室里，老师给二年级的学生布置完作业，就到另一边给四年级的学生讲课，只有五、六两个年级有单独的教室。

"一天讲到晚，口干舌燥，晚上还要备课、干农活呢。"胡老师说。山里的寂寞并不是每个人都守得住的。40年里，看着身边的同事一个个调走，胡义和却心中平静。亲戚朋友问他为什么愿意总待在这深山沟里，胡老师只是笑笑。真问急了，胡老师会脱口而出，"我一个残疾人，能有这份工作已经很知足了，再说，到哪里不是教书？"

如今，胡老师的老伴、子女早就进城了，城里的房子也有了，可胡老师也只是一两个星期回城里一趟，他更愿意待在学校。他用左手给学校画了个圈："这里也是我的家！"

二、山路：更多的是责任

胡老师老家离学校有七八里地，每天都要往返于家和学校之间。以前，路还是羊肠小道，他就走了几十年山路。40年间，用胡老师自己的话说："走过的路，3个二万五千里长征都走下来了。"

常山县山村教师胡义和，左手的板书写了40年，弯弯的山路走了75000里。

每个下雨天，胡老师都要把孩子们送回家。有的孩子家远，一走就是10里地。下午4点放学，太阳还老高，等胡老师护送折回的时候，大都早已经黑了。有一次，走到半路，胡老师带的手电突然不亮了。乌漆墨黑的山间寸步难行，可他凭着对山路的相知相熟，没在半道上摔一次跤。

"几十年习惯了，我已经不觉得有什么不方便的了。"虽然仅一手可使，但似乎什么都难不倒胡老师。"挖山种地都行，去年家里种了番薯，还晒了10公斤的番薯干，现在家里还养了7只鸡。"家里6间房子，都是胡老师自己亲手造的，农活也都是他自己做的。

三、学生：幸福的源泉

胡老师教了两代人。有时候也闹过笑话。一次学生调皮，胡老师搂着学生的肩膀说："云龙，你怎么不读书哇？"旁边的老师说："胡老师，他不叫云龙。"

胡老师一看，这是云龙的孩子。顿时，老师、学生都笑弯了腰。

胡老师教过的学生，数数不下800个了，如今在城里当干部、做领导的也不少。"逢年过节的，还能收到一些明信片……"

"农村的孩子，父母大多都进城打工去了。孩子们不学点文化知识，就不会有出息。"胡老师总是把村庄的孩子们当作自己的孩子。哪个学生没有笔了，或者中午没有饭吃，胡老师会掏钱给他们买。由于离乡中心卫生院有20多公里，学生生病了，胡老师又背着去赤脚医生那里看病。

在孩子们眼里，胡老师笑眯眯的，并不让人害怕。孩子们常常替右手不方便的胡老师洗碗、搬本子、搬火炉。教师节的时候，画个画，剪个纸，写张卡片送给胡老师。

"以前教书算工分，一个月3000分，还有5元的补贴，后来加到17元。"现在，胡老师的工资又加了，一个月超过了2000元。和以前相比，胡老师觉得现在的日子好多了。以前他抽的是旱烟，现在抽的烟是5元一包的"雄狮"了。

胡老师明年就要退休了，在县城卖油条的妻子希望胡老师也去城里住，可他还是有些舍不得。下课期间，他看着不停和他打招呼的学生若有所思："要是需要的话，我还愿意和孩子们在一起。"

——刊于《浙江日报》2007年5月24日 季叶海 廖小兵文/摄

让理想照进现实：3名大学生的支教生活

[人物]

江新浩，23岁；

蒋林泉，25岁；

张文军，24岁。

[地点]

常山县新昌乡泮源村小学

[场景]下午3点半，放学啦

下午3点半，放学的铃声在泮源村小学上空响起，孩子们一个个陆续离去，不一会儿，热闹的校园变得冷清起来。小学教师江新浩站在宿舍门口，看着太阳从远处的山岗上一点点沉下去。

在一所只有61个学生的山里小学，放学后，住校的3名支教大学生，像夜空的月亮

这个小学有6名老师和61个学生。放学后，校园里只有3个人。蒋林泉、张文军和江新浩一样，两年前从衢州学院毕业，来到这个偏远贫困的山村小学支教。

常山县新昌乡是一个山区乡，距县城20余公里，泮源村是这个乡最偏远的村庄之一。3月6日，我们从乡政府出发，汽车在芙蓉水库旁边的盘山公路上绕了一个又一个急弯，一小时后才到村里。

[场景]傍晚5点，烧晚饭

傍晚5点，备完课，江新浩在房间地上拿了两棵干瘪的青菜，开始准备3个人的晚饭。

因为离城太远，他们吃的菜都是外面捎来的，一次捎来的菜，吃一个星期。肉放在学校外头代销店的冰箱里冻着。冬天，一刀腊肉就挂在宿舍屋檐下。

他们的宿舍是一排平房，新的。这个村小第一次来了大学生教师，学校特地为他们盖的。

他们吃的菜非常简单，一碗青菜，一碗咸菜肉，有时半个月没有变过花样。

[场景]傍晚6点，不能上网的电脑

傍晚6点，蒋林泉端出一脸盆衣服，在宿舍外边洗衣服。另两人在操场上打羽毛球。

江新浩原来喜欢打篮球，这个村小没有篮球场，也没有篮球。天气好的时候，他们三人趁着夜色去学校外边的公路上跑步，跑得筋疲力尽回来，可以睡得好些。

学校里唯一的电脑，是几年前县里一个部门送来的，早已经开不了机，在办公室里积满灰尘。蒋林泉有时想，要是有台电脑多好，可以了解一些信息，也会让山里的夜晚不那么漫长，更重要的是，会让他们感觉自己不会离山外的世界那么遥远。

幸好从去年开始，山里架了一个信号塔，现在可以方便地打手机。

[场景]晚上7点，备课批作业

晚上7点，他们三人坐在一起看《新闻联播》，然后各自回去看报纸、备课。

江新浩的床边有两叠书，《汉书》《古代汉语》《陈青云武侠作品全集》《弗洛伊德心理学》《叔本华人生哲学》……这些书，江新浩都看过5遍以

上了。

报纸送到这里，通常要晚两三天，有时晚一个星期。蒋林泉订了一本《北京文学》，张文军订的是《参考消息》。这些报刊每个人都要看上一遍。

批改作业的时候，他们会想起孩子们一张张纯朴的面孔。江新浩教二年级和四年级的语文、美术、体育、思想品德与生活、劳技、写字课，还兼两个班的班主任。二年级11个孩子，四年级9个孩子，他们在同一个教室上课。江新浩给二年级的孩子读了课文，让孩子做习题，转身又给四年级孩子教数学的应用题。

[场景]晚上9点，写随笔

晚上9点，蒋林泉靠在床头写写随笔。三人都有记点什么的习惯。

山里离城太远了。山里没通中巴车，进县城一趟，骑摩托车要3个小时。碰上下雨天，路上经常会塌方，一堆石头滚下来，就把路堵住了。他们通常是3个星期出去一趟。

江新浩原来有个女朋友，因为离得太远，分手了。找不到人说话，他就把所有的想法都写进本子里，一年写两本，写完扔掉，当垃圾处理。

甚至在整个村庄里，也看不到年轻姑娘。村里只有40岁以上、13岁以下的女性，中间年龄段的，都出去打工了。

他们三个都不知道什么时候才会找到女朋友。

有一次进城，江新浩碰到了一起参加工作的老同学。和他不一样的是，老同学在城里学校教书。听说老同学已经在城里买了房，与女朋友就快结婚了，他就觉得自己已经太落伍了。

那天晚上他感到茫然，他不知道自己当初的选择是对还是错。但是当他与孩子们在一起的时候，他又感到非常充实。那些孩子每天走十几里山路上学，又走十几里山路回家；有时孩子在路上把菜打翻了，江新浩就把孩子叫来一同吃饭、煮方便面。那样的日子，过得很快。

——刊于《钱江晚报》2007年3月14日 华诚 蒋雍 爱云 芳赟 鲍卫东文/摄

那40年，与微笑、孩子一起走过的岁月

一、给孩子一个求学的平台

1969年，我初中毕业，本想去参加招工，到工厂里去上班的，但安坑村的村干部来找我，让我任村里小学老师。我当时心里很开心，可从没教过书，又觉得很没底，村干部鼓励我试试，我便接下了这个重任，一直教到了今年，当老师成了我的终生职业。

我一边教书一边上函授，还经常到芙蓉中心小学向万校长请教一些教育理念。那时，我们山区里的小学教学条件艰苦，有一半时间是用复式教学进行的，有的是两复式甚至三复式。场地是一间破旧的祠堂，两三块自备的黑板，学生人数少则20来名，多则30多名，有时村里要用祠堂，学校还得搬家，用完了再搬回来。

山区里的孩子，经常是哥哥上了学，妹妹就没钱读书了，大家家庭条件都不好。我那时一年的工资是150块，一个月的工资12块5角。每个学期开学都会遇到有孩子因为交不起1块钱的学费而想放弃求学，我都会给他们垫上，有时一个月的工资全垫了还不够。最多的时候我给学生垫了两年的学费。

我总觉得生活过得去就行了，菜自己种，粮食也自己种，平时也花不了什么钱。毛衣也穿不坏，穿个十来年没什么问题，棉袄什么的也结实。那时生产队里分点玉米，我自己种点瓜菜，有时粮食不够就将红薯拌到玉米里吃。

假期我会到山里去挖药材，代销店里需要什么我就去挖什么，何首乌就是我们经常挖的药材。草药换的钱能让更多的孩子继续上学。

二、给孩子一条安全的上学路

我们山区的学校条件不好，教室都是土房，每次下大雨，教室里都漏水，有一次墙还塌了下来。1999年我们盖了新房子，在这之前，每遇大雨，我都会爬上屋顶去翻瓦，翻了有30年了吧。这样学校就不用雇人了，能省下些钱，留给孩子们用。

学校里用的水都是从山上引下来的自流水，一到秋天就断水。学生们中午是在学校吃饭的，我和他们一起打水，每天挑四五担打一缸水就够用了。

山里的孩子不比城里的，学校会组织大家勤工俭学，每周组织学生上山砍柴，带他们去采茶籽。孩子们小，捆柴之类的体力活都要我们老师去做，上百斤的柴都是我们挑下来的。不过再小心也会遇上一些事。有一次，我带的四年级有一个叫王建军的学生，膝盖不小心被砍伤了。我一听到哭声，就赶了过去，撕下衣服紧急一包，把他从离校4里多地的山上背回家。放下学生就和家长道歉，我和他父母说，没照管好你们的孩子，现在还要拜托你们带孩子去村医疗室包扎一下，医疗费我出。因为山里还有其他孩子，我要赶回去照管。带着家长的责备，我赶回山上，等劳动结束后，我又回去和家长沟通，得到了家长的理解。

安坑的学生到校要经过两里多的山间小道，路边杂草丛生，下雨天步履维艰。我每年都会发动家长，利用双休日一起背上锄头，拿着柴刀开辟山路，然后用草甘膦去除路边杂草、灌木，给孩子们一条安全的上学路。

三、给孩子一些鼓励

那时，因为当老师的报酬不高，很多民办教师退出教师队伍，进工厂、去部队。可我没放弃，因为喜欢老师这一职业。我在1986年还参加了衢师办的中师班学习，在全省教育学、心理学统一培训考试中成绩还不错。

1985年，我被领导调到对坞村完小任教，担任全乡的复式教学骨干、语文教研员。教学条件相对得到改善，还让我们去衢州、江山等地听课、培训，促进教育观念进一步更新。

我觉得不仅要注重教学质量的提高，更应关注学生的学习兴趣培养。九四届小学毕业班，我任班主任兼教语文。学生一向畏惧作文练习，我经常给他们鼓励，让孩子们爱上了写作。我要求孩子们除了课上的大作文及练笔之外，还要每周写一篇家庭作文，可他们自动要求每周写两篇；要求孩子们每篇字数在400字左右，而他们篇篇作文都在500字以上。结果，毕业考试成绩超过中心校学生总成绩十多个百分点，那一届的学生后来有4名入读重点大学。在我面前，后进生都觉得学习有趣，我从不歧视孩子，而是鼓励他们，孩子能考50分的，我要求他们努一把力，考60分就有奖，可评优。

现在，我们偏远的安坑和对坞两个小学已经培养了20多名大学生了。

四、给孩子一个美丽的校园

为了给孩子们营造一个良好的学习环境，1999年之前，我接连打了两年报告，要求县教育局改造对坞学校危房。1999年得到批复，推倒泥木结构危房，改建砖木结构校舍。动工后，领导还让我保管建材，当时有村民向我要水泥补洞，我就把自家用以建房的水泥送给他们，后来这事被建校民工传出去后，就再也没有村民到校向我要水泥等建材之类的事情，堵住了建材外流的漏洞。

学校的花草树木都是我亲手栽的。去年又获得县教育局领导的关心，拨款4万多元，硬化了学校路面、体育场，粉刷了墙体，将走廊、教室的天花板都吊了顶，还安装了电灯、电扇等，为学生营造了良好的学习环境。今年，我和刘老师一起，争取到"杭州神钢建设机械有限公司"的捐赠，添置了图书室、篮球架、电脑、电子琴和音、美、体用品以及每个学生两套校服，价值3万元。如今的学校环境更加宜人，排在全乡村完小首位。

我经常在节假日、双休日也去学校走走看看，还和校周边村民搞好关系，争取他们也一起关照学校。几十年下来，学校财产有增无减。

——刊于《衢州日报》2009年12月21日 记者 周芸 倾诉:余志春

大山里，有这样一群教师

常山县新昌乡位于县城东北，距县城20多公里，与开化县交界，全乡面积68多平方公里。目前，新昌乡有一所中心小学，下辖7个村完小。9月1日，我走访了该乡的小学，深深感受到了山区教育事业的快速发展和广大山区教师的奉献情怀。

一、26幅"孔子故事图"

步入新昌中心小学的校园，崭新的楼房、宽阔的操场、美丽的绿化，让人难以相信眼前是一所农村小学。"这是新建成的餐厅和宿舍楼。""这是200米标准跑道。"……该校刘芳赟校长兴奋地介绍学校的新发展，"学校目前占地面积21亩，建筑面积4800多平方米，绿化面积6000多平方米。"

近年来，该校把儒家文化作为校园特色文化建设的主题。教学楼前"博学、厚德、率性、笃行"的校训，校园中矗立的孔子塑像，以及校园四周围墙上的"孔子故事图"，让整个校园处处洋溢着浓郁的儒家文化气息。

"做这样一幅图，需要多少钱？"我被精美的"孔子故事图"所吸引，饶有兴趣地问。"没花一分钱，"刘校长自豪地说，这些图画出自该校毛俊杰、王丽君等老师之手。老师们在今年暑假期间，冒着酷暑义务为学校绘成了这26幅"巨作"。这些画，每幅有1米多高、2米多长。"我们想用30幅故事图向学生讲述孔子的故事，剩下的4幅将利用课余时间继续完成。"主创之一的毛俊杰老师说，能用自己的一技之长为学生做点事，让他们觉得这个暑假过得特充实。

二、800多道山弯深处

从中心小学到对坞村小有约16公里，一条蜿蜒的盘山公路伸向大山更深处。路面虽已硬化，但坐在车里，依然晃得厉害。路的弯道特别多，有些地方甚至不到10米就要转个弯。"这里有800多道山弯。"刘校长笑着告诉我们。

对坞村小只有31个学生，3位教师。余志春老师是本村人，已在这里教了30多年书。张俊国、刘星则是刚毕业分配进来的大学生。"小村里只有豆腐、冰冻带鱼等少数几样菜卖，其他的就需要从山外带进来。"两位教师正在厨房的灶台上准备午餐，"以前我们从没炒过菜，边实践边摸索学吧。"两位新教师还高兴地告诉我，教育局领导来看望他们时，答应帮他们建一所浴室，这样冬天洗澡就不用担心了。

今年，共有五位大学生分配到了新昌小学，除了他们两位，其他三人也都在偏远的村完小。在办公室的门前，我看见贴着一副新写的对联——"山清水秀家乡美，桃芬李芳人生欢"。也许正是这样的一种信念，让这些大学生选择了把青春献给山区的教育事业。

三、40多年独臂育桃李

泮源完小离中心小学更远。在离泮源完小四五公里的路段，因为昨天发生山体塌方，滚落的山石把3米多宽的路面差不多都堵住了，我们只能下车步行前进。

在泮源完小，我见到了曾被《浙江日报》《教育信息报》等多家报纸报道过的独臂教师——胡义和。胡老师今年59岁，右前臂先天缺损。从20世纪60年代开始，胡老师就与山里的孩子连在了一起。他用左手在这里写下了40多年的育人诗篇。

今年，胡老师被评为县师德标兵，并作为县师德演讲报告团的成员在全县做了先进事迹报告。但胡老师却一再告诉我，他的事迹很普通，和这里的其他教师并没有多大区别。望着眼前这位用独臂为山里孩子撑起一片蓝天的老人，我不知怎样表达心中的敬意。

——刊于《衢州日报》2007年9月14日 姜毅 文

"女老师，请别走！"
——大山深处孩子们的新年愿望

一、山的那头总有山

盘山公路上，800多个弯，多得好像怎么都转不完……

新昌乡泮源小学，属于常山县中心小学的教学点，地处常山、开化、淳安三县交界处，是常山县最偏远的学校之一。从新昌乡政府所在地启程，绕过道道山弯，要近一个小时的颠簸才能到达。而这里有一群曾被称为"库区孩子"的学生，他们生在大山长在大山，从前靠摆渡才能走出大山，进城看看，如今虽然有了盘山公路，但是因为至今还未通车，出行仍然困难重重。孩子们上学都靠步行，一些学生家在离校很远的西岭岗自然村，徒步行程大约要两小时，其间有很多的傍山险道，往往是早上天没亮就要从家里出发。而学校里其他学生也大多离校很远，平均路程时间在一小时左右。

常山县新昌乡中心小学为了提高青年教师教育教学水平与班级管理能力，特意在去年11月与12月各安排了为期一周的乡中心小学与下属6个教学点教师换岗的活动。上月27日，衢城下起了雪，天气也越来越冷，第二批去泮源小学教学点的新昌中心小学老师刚刚结束换岗，回到了乡中心小学。

二、31名学生和3位男教师

泮源小学目前只有31名学生和3位男教师。在那里教书的汪祖芳告诉

203

章敏在给山里的孩子们上英语课。

记者："1976年，我们这里还有过3个班一起上课的复式教学呢！但是当时我们有12个老师，学生也挺多。"对此，汪祖芳很骄傲，"山里的孩子朴实，上课都很听话。我们学校还出过40多个大学生！"

不过，浒源小学因所在位置偏远，交通不便，年轻的大学毕业生来教学的很少，待的时间最长的也就3年。现在学校里最年轻的老师姜峰，是2008年刚分配来的应届毕业生。

在这里，孩子们上的主课和乡中心小学是一样的：语文、数学、科学和思想品德。英语课因为从前没有师资力量所以没有设；体育课内容则充实得多，除了要求达标的跑步、跳远外，他们有山里孩子最擅长的游戏：踩高跷、打陀螺，而这些具有浓郁乡村风味的体育器材，全都是这里的3位男教师亲自做的。

比起其他课程，孩子们显然更喜欢上体育课。教室前的水泥地就是孩子们的体育场，两边还各建了一个乒乓球台。在这样寒冷的季节里，孩子们不断地跑跑跳跳才能感觉暖和一点。"我们也做早操。"汪祖芳说，现在孩子们做的早操还是第七套的"雏鹰起飞"，而县城里的孩子已经用第八套"七彩阳光"很久了。

由于硬件设施的缺乏，孩子们从未做过科学实验，简单的实验室用品他们也没见过。电脑和投影仪都是2009年才分到学校的，不过数量有限，都只有一台，许多学生还没学习过如何操作电脑这个可以和外界无障碍交流的神奇物品。

三、换岗老师走进山村小学

"山村里的孩子大多是留守儿童，他们的父母都进城打工了，孩子就跟着老人或者其他亲戚住。"汪祖芳对记者说。山里的老师总是把学生当作自己的孩子，除了学习，生活上也要照料，但是怎么也比不过外面来的大学生老师，他们见多识广，风趣幽默，很受孩子们的欢迎。不用多久，孩子就能和老师建立起深厚的感情。

作为第二批从乡中心小学交换至教学点工作的其中一名老师，谢飘飘对这点颇有感触。她说了自己的一次有意思的经历，"叫人很难忘怀"。

换岗活动结束的那天早上，谢飘飘还没起床，孩子们就到学校了，一直在门外喊着："谢老师，谢老师，你

老师在给学生们做体育器材。

孩子们的午饭一般是从家里带来的。

起床了吗？"听到孩子们的叫喊声，谢飘飘以为出了什么事，当她打开门时，孩子们异口同声地说："谢老师，王淑滢昨晚抓了一只小乌龟，她说要送给你当礼物。"于是，谢飘飘就问王淑滢："你为什么要送给我呢？"王淑滢回答道："谢老师，我喜欢你就送给你了，你可要好好养它哦。明年我去县中心小学玩时，你要给我看的哦，这是我们之间的约定。"

谢飘飘对记者说，当时她看着王淑滢送的小乌龟，心里除了不舍，还有难过："这样一群天真善良的孩子，真的应该和别的孩子一样，有更好的学习、生活环境啊！"

而每位参与活动的老师在总结发言中，除了提到对自身工作方面的启发外，都表示山里的孩子不仅淳朴、善良，还和县城的孩子一样聪明、可爱。

四、孩子们第一次看见女老师

泮源小学因为地理环境与生活条件等因素，从没有分配过女教师在那里教学。作为第一位走进泮源小学的女性教师，去年11月参加第一批换岗活动的乡中心小学数学老师章敏，深有体会。

　　章敏在她第一天的换岗工作日记中，写下了这样一段话："早上，我坐上了去洋源小学的面包车。车子行驶在蜿蜒的公路上，公路两旁是高高的浓密的小树林或是深深的池塘，显得蜿蜒的小路有点狭窄。这一路上，真可谓是胆战心惊，生怕车子在无数的弯道中不小心滚落下去……车子行驶了大约50来分钟，终于来到了洋源小学，踏进校门，就瞧见有几颗小脑袋在窗户上晃动，走近一听，'大家快来看，有女老师来了！'过了一会儿，隔壁班的学生跑进办公室，对汪祖芳老师说：'汪老师，段修萍说她也想上五年级！'我不正是来教五年级的课吗？当时我的心情有些繁杂，愉悦中带点震惊……"

　　孩子们看见女老师都很欣喜，激动得都想去章敏所在的五年级班上课。可是在洋源小学的第一天晚上，章敏却没有睡好："凌晨三点多我就醒来了，外面的风呼呼地刮着，学校附近挂着一块大广告牌，被风吹得咣当作响。屋顶好像有几只老鼠在上下爬动，就这样，我被吵醒了。我这人一到黑夜就胆小，醒来后一下子又不能睡去。就这样，迷迷糊糊中，天亮了。"洋源小学从前的教师宿舍是间危房，前几年已经修建了新的房子，今

山里孩子最爱的运动之一就是踩高跷。

年还装上了热水器，但是对于女教师来说，生活确实不方便。

到达泮源小学的第二天，课程正式开始了。在这里，章敏不仅是小学五年级的班主任，还要上一个班级所有的课程，压力有些大，但是她很尽力，一有空就备课，或想办法和孩子们交流。章敏发现学生的基础有点差，上起来有点困难，特别是英语课，由于没有基础，发音也不标准："但是学生们学起来倒是津津有味，不时有学生问我单词怎么读。"

在校长的陪同下，章敏还去附近村庄的几个学生家进行了家访。"山区的夜晚很宁静，只能隐隐约约地看见些许微弱的灯光，我们打着手电筒在雨中走着，走了二十几分钟的山路才到一个学生的家。据了解，学校里留守儿童还是挺多的，许多学生的爷爷奶奶不仅要到地里干活，还要照顾孙子孙女的衣食起居，可真够辛苦的啊！"章敏说起自己的感触就停不下来。她还告诉记者，山里的孩子十分热情，每次吃完中饭，孩子们就会跑过来抢着帮忙洗碗。

在章敏体验山村教学的最后一天，班里的学生王紫莹问她："老师，今天你要回去了吗？下星期你还要不要来啊？"孩子们不想章敏走，"我们作业做错了，你都不会生气，还给我们讲解……我们都喜欢上你的课。我们这里从来没有过女老师，你可不可以不要走啊……"

五、采访手记

在泮源小学采访那天，记者和一同前往的乡中心小学的刘校长在学校吃了中饭。中饭是那里的老师自己做的，孩子们吃的则是从自家带来的盒饭。中午放学后，他们就留在教室里或者端着饭盒站在操场上吃。记者看见一些孩子就着榨菜吃白饭，就问："你们就吃这些吗？"孩子们腼腆地低下头不说话，小心地用勺子挖着饭，尽量不让饭盒发出咣当声。在记者结束采访，准备离开泮源小学时，一个名叫占利龙的五年级学生跑过来问："过完年，我们这里还会来女老师吗？"

或许，生活在都市中的我们，正忙着准备去酒楼吃新年大餐，去电影院看贺岁大片，去商场买件时尚靓衫，但或许我们并不知道，只需伸出援手，给予点滴帮助，就可以让歌声在大山深处响起，让笑声溢满孩子们的童年。孩子们的心愿很简单，不是穿上新衣新鞋过新年，而是要一位笑容甜美的女老师。很多时候，当一批批年轻教师或志愿者怀揣爱心来到大山深处，我们希望看见的不仅是热忱，还有坚持。希望他们把孩子的梦想和未来相连，那么，我们就有理由相信，未来有着无限的可能。

——刊于《衢州日报》2010年1月8日 罗东哲文/摄

9个孩子的学校
——常山最小的学校

一条弯曲并且有点陡立的盘山公路绕着大山蜿蜒而上，一路上只有几辆货车在山间忽隐忽现，偶尔会有山里的居民招手示意希望能搭上顺风车，因为这儿虽然修了盘山公路，但是还没能通上公交车和大巴。车行驶着，连绵起伏的大山像一条条游动的长龙，一直伸向远方。偶尔有几块小方田，点缀在山间，红艳艳的柿子也结在了枝头，这些景观相互映衬点缀，煞是好看。网友称常山最小的学校就在这座大山里。几经周折，我们找到了位于常山县新昌乡的这所学校。认识了在这里教了34年书的程其健老师和他的9个学生。

一、9个学生的学校

这所只有9个学生的学校叫常山县新昌乡岩前小学，这里唯一的一位老师叫程其健。程其健今年53岁，他爱唱歌，还弹得一手好琴。

对于程其健来说，一天最为轻松的课程就是孩子们喜欢上的音乐课。在二楼的一间教室内，摆放着一架已经有好几个按键损坏了的风琴，程其健选了一首能用剩下琴键弹奏的歌。"国旗国旗真美丽，金星金星照大地，我愿

全校师生合影。

程其健老师的课很生动。

风琴坏了，但程其健老师还是坚持给学生们上音乐课。

变朵小红云，飞上蓝天亲亲您……"孩子们围在程其健周围唱着这首歌，声音在空荡荡的教室里回响。

岩前小学的教学楼前，有一个今年暑假才修建起来的水泥地操场，10月份的时候新增了篮球架，前段时间还添设了一个乒乓球台。不过，篮球和乒乓球现在还没有。

一下课，孩子们就会露出原有的天性。在偌大的操场上，9个孩子相互追逐玩耍，以此打发10分钟的课余时间。这里没有跷跷板和滑梯，也没有课间操和眼保健操等运动项目。偶尔，教室旁边的几棵树也是他们的玩乐对象。

因为体育设施少，体育课上，程其健教学生们最多的运动是立定跳远。今年，经向新昌中心小学申请，程其健将跳绳、皮球带到了学校，虽然这些体育用品都不是新的，但它们却成了孩子们快乐的理由。会跳绳的学生目前只有一个，程其健说，有了跳绳，就可以慢慢教他们。这些孩子没有听说过铅球，他们没投过篮球，他们没握过乒乓球拍，但这些旧皮球、跳绳带给他们的快乐却是一样的。

二、曾经是一所历史悠久的村完小

常山县新昌中心小学距县城21公里，下设对坞、泮源、岩前、安坑、下徐、猷辂6个教学点。各教学点呈扇形分布在中心小学以内深山的各村庄。岩前乡四面环山，幽若空谷，大山装点了村庄秀丽的景色，也将村庄与外界阻隔开来。全乡至今不通中巴车，学生的来往主要靠步行，教师进出深山主要乘坐无牌无证的三轮车。村庄里家庭条件过得去、离县城近的，家长就把自家孩子送到了新昌中心小学读书，没有条件的孩子只能在简陋的教学点上学，整天与大山为伴。

立定跳远是体育课开展最多的运动。

岩前村曾经是岩前乡乡政府所在地，岩前小学早在解放前就建成使用，旧址为一所祠堂，如今还能看见

山里孩子朴实的笑脸。

祠堂旧围墙的痕迹。90年代，岩前小学经过修建，形成了如今的格局——两层的教学楼，一楼三个教室、二楼两个教室，设置了一年级至五年级，学生最多时达到200多人，教师也有七八位。岩前乡原本有乡民1300多人，随着外出打工人口的增多，家庭的调整，有些山里娃跟着父母走出了大山去镇里或者城里念书了，岩前小学的学生渐渐减少，年级不完整了，老师也越来越少。2007年，岩前小学拥有教师3名，2008年走了一个，今年就只剩下程其健。

程其健从1976年开始教书，作为一位小学高级教师，53岁的他却是几个教学点最年轻的老师。程其健说："今年是我们岩前小学历来学生最少的一年，去年还有30多名呢。"岩前小学现在只有9名学生，1年级5名，2年级4名，他们在学校二楼的同一间教室上课，程其健在这里进行着"复式"教学：给一年级布置了作业后就给二年级上课，二年级做作业时他又给一年级上课。程其健介绍说，学校一天6节课，上午3节，下午3节，他担负着语文、数学、品德、音乐、美术5门课的教学。作为该校唯一的一位教师，所有的教材、课本、教学用品，都是他自己一个人去中心小学领回来。

三、带了27个人，出了7个大学生

　　山里地理条件、生活条件不如意，很少有教师愿意到那里任教，但程其健一教就是34年。"从前，我都是教四五年级，只有一次，我把一个班从一年级带到了五年级，这个班有27个学生。"说起教过的学生，程其健掩饰不住自己的喜悦，"他们是前年考的大学，出了7个大学生。"一个班出7个大学生，在这个山区、在岩前小学还是第一次。而如今，他所教过的学生中，大专、中专毕业生更是越来越多。因此，程其健在村里也颇受人尊重。

孩子们看到记者有点害羞。

　　程其健的儿子也是在岩前读的小学，也是他自己教的，2007年，儿子考上了浙江大学的博士生，2008年去美国进修，今年8月才回的国。儿子是程其健的骄傲，而儿子的小学同学中还有一位硕士生，同样也是他的学生，现在正在上海做律师。程其健不提倡补课、不提倡搞特殊化："该休息的时候就要休息，上课的时候就好好上课，40分钟的聚精会神，我认为足够了！"

这盒球是学校全部的体育用品。

　　虽然一个教室只有9名学生，还是两个班组合而成的，但程其健对工作还是尽心尽力。单是备课就要花去他大量的时间，而他却乐此不疲，他说这9名学生都是岩前村的孩子，他们有着山里娃的朴实和善良，他爱他们。程其健最大的愿望是让更多的孩子享有受教育的机会，让孩子们学到更多的知识。除了备课以外，上课、批改作业、组织文体活动、家访等，他一样都不会落下。

这些孩子上学，最远的要早上6点半就起床，因为没有车，大家都是徒步去学校的。学生们三餐都是在家吃饭的，由于大多是留守儿童，一些学生的爷爷奶奶在快要放学的时候就来学校接孩子。程老师的学生中有一位是脑瘫儿，行动不便，别的孩子上体育课时也只能在一旁看着。孩子的奶奶告诉记者："程老师在这儿教了好多年书了，他是个好人，对每个孩子都很上心。"

四、即将消失的学校

这所在几年前还热闹非常、欢声笑语不断的学校，日渐冷清下来。就在这间学校的办公室里，还挂着2007年有三个老师时的值班时间表，可惜已经模糊不清。几张办公桌也只有程其健的位置上堆有教材和教学用具，其他办公桌早已是空荡荡的了，但是要不了多久，程其健的办公桌也会一样的空荡荡。

刘芳赟是常山新昌中心小学的校长，同时也负责管理着6个教学点。刘芳赟说，岩前小学以后会被撤并，这是必然的，学校的人数太少，设施也跟不上，实验器材都没有，实验课也无法上。回忆起以前学校热闹的场景，程其健说校园里到处都是人。一到下午放学时间，来接孩子的家长将校门口的代销店围了个水泄不通，老板就和那些来接孩子回家的家长聊着天。学生们一下课就蜂拥出校门扑进家长的怀中……

这所9个学生的学校，就像是中国农村现状的一个缩影。从20世纪80年代开始，中国农村的剩余劳动力就开始减少和转移，孩子们都跟着家长走出了大山，小学的生源也越来越少。岩前小学这所乡村小学不足10人，在几年后也将退出历史的舞台。

程其健每天都等学生走完了才关上教室门回家，有时候明明第二天还是要照常上课，他也觉得恋恋不舍，因为像岩前这样学生少的复式教学点没几年就要撤并了，他的心里满是不舍。"教了34年书了，送走了很多学生啊！"程老师轻轻说。

五、记者手记

天没亮，孩子们就要打着手电筒出门上学。中午，老师帮他们热好各自从家里带来的饭——白饭就榨菜，一个个吃得津津有味。山里的孩子从小能吃苦，快乐也是简单的。这里6个教学点从来没有过女老师，孩子们和外界的交流、接触也少得可怜。今年，孩子们看到来支教的第一位女老师便激动地围着她，不停地问问题。有些"驴友"也找到这些教学点，孩子们会接触到来自城市的大哥哥大姐姐，这些都能给他们带来可以分享好久的快乐。

这几年，随着村里外出务工人员增多，许多适龄儿童跟随父母到外地上学，这里的生源越来越少。新昌中心小学的6个教学点基本都是复式教学结构，年级也都不完整。1个老师9个学生的学校会慢慢地退出历史的舞台，复式教学的结构也将成为历史，山里的孩子们也将跟着家长们走出山区，去接受更好的教育。

采访完程其健老师，记者有一种"背负感恩"的沉重。那份感恩，是聚积了程老师所有启蒙过的学生的感恩，是对山村教师的感恩！这些山村教师，是那么的和蔼可亲，那么的与世无争，默默耕耘，无私奉献。一个人要撑起一片天，要撑起整个学校的事务，给山乡的孩子带去知识，给山乡的家长们带来希望。他实践着平凡之中的伟大的追求，把自己的青春献给了山区，献给了山里的孩子，把三尺讲台当作自己的人生大舞台，无怨无悔。

记者离开岩前小学时，天正下着雨，程老师和他的9位学生站在雨中与我们挥手作别……

——刊于《衢州日报》2009年12月11日 记者罗东哲 周芸文/摄

留守儿童与父母之间最真实的民间记录文本

一、两地书

孩子，远离爸妈的日子你好吗？

爸爸妈妈，我很想你们……

这是留守儿童与父母之间最真实的民间记录文本。

在很多村庄，青壮年都外出打工了，留下孩子跟着爷爷奶奶、外公外婆生活。客观存在的代沟，以及老人停留在若干年前的思想，都无法与孩子达成良好的沟通；父爱母爱的缺失，对留守儿童的成长到底会带来多大的影响……

给远方的父母写一封信，让父母回一封信，在几页薄纸、几行歪歪扭扭的文字的交流中，父母与孩子之间流露了最朴素的真情。常山县新昌乡中心小学，是一个偏远贫困山区的小学校，

孩子们在课堂上。

75.7%的孩子父母都在外地打工。据调查，全乡754名小学生中，约80%是留守儿童。这次给父母写信的，是乡中心小学五年级的孩子们。

现在，这些各式各样的纸页汇聚到我们手中。在整理的时候，那些朴素的文字深深地打动了我们，也让我们思考了很多。这里刊出的，是其中的几封信。

因为真实，所以动人；因为稚拙，所以感人。为了最大限度地保留信

件原貌，我们仅对一些错别字作了标注，此外没有任何修改。

二、爸爸，我多希望能和你一起吃顿饭

（皓皓，11岁女孩，家住达塘村。父亲在上海市松江区九亭镇九新公路养蜂）

爸爸：

　　您好！

中午，开饭啦。

　　过新年了，我多么希望您能回家和我吃一顿团圆饭。可是爸爸，我知道您要管蜜蜂，所以回不了家。可是每当我看见别人的爸爸和妈妈都回了家，我都会不由自主地想起您，觉得少了一种爱。是的，我知道您也想回家过新年吧。

　　有一次，我打电话给您。我说："爸爸，您回来吧，不要去管蜜蜂。"您却说："女儿，没办法，为了你和姐姐能上学，我还是要管蜜蜂呀！"我听了您说的话，感动极了。"爸爸，您真伟大。"爸爸说："女儿，还有什么事吗？"我说："没什么事。"就把电话挂了。

　　爸爸您对我真好，我在这里也很好。我知道您在外面照顾不到我，这个学期我一定要好好学习，争取更大的进步。您在外面小心点，要注意那些小偷，不要东西又被别人拿走。我也不多说了，最后我祝愿您过个快乐、欢喜、高兴的新年。

您的女儿：皓皓

2007年2月19日

三、女儿，身体不舒服要和外婆讲

皓皓：

　　乖女儿你好。

　　过新年了，我女儿又长大一岁了。首先爸爸祝愿你在新年里过得快快乐乐、欢欢喜喜，爸爸要管蜜蜂，所以不回家过年了。过了年很快又要上学了，爸爸希望你在新学期里好好学习，争取以后考上重点中学。在学校里要团结同学，尊重老师，上课要认真听讲，遇到不懂的地方要向老师问清楚，胆子要大点，不要碰到点小事就哭，要坚强，做个敢想、敢说、敢做、敢干的人。

　　爸妈在外照顾不到你，你在外婆家不要太淘气、任性，不要挑食，上下学回家路上小心，靠边点走。如身体不舒服要和外婆讲，脏烂东西不要吃，吃饭前要洗手，注意卫生。好了，爸爸也不多说了，最后祝愿我的女儿在新年里健康快乐，学习上进，做个品学兼优的好孩子。搁笔。

爸
2007年2月26日

四、儿子，妈在信里给你10元钱

　　（明明，13岁男孩，家住黄塘村里黄塘，父母在江苏苏州蠡口国际家具城开店）

亲爱的儿子：

你的来信已收到，还有你的画也画得非常好。可是爸妈还是不放心，因为你太顽皮。在家一定要听外公和外婆的话，到外面要尊重老

这是我每天回家做作业的书桌。

人和小孩，对人要有礼，不要骂人。可是爸妈是非常喜欢你的，也很爱你的，为了生存，要供你卖（读）书，只能把你放在外公家里，你心里明白吗？可是妈每天到了望（晚）上都很想你，如果相信妈的话，一定要好好卖（读）书。在（再）和你说件事，如果需要买什么东西，你要和外婆讲清楚，外婆会给你买的，千万不能偷。如果爸妈听到偷的消息，以后都不理你了。千万要记住，别人的东西都不好拿的，知道了吗？爸和妈身体都很好，最重要的是你的成绩要好，最后祝外公外婆和你，全家身体健康，永远快乐。看你下学期的分数这（怎）么样，妈最希望的。

你寄来的画好像不是你画的，是宝成画的。妈妈看出来了。希望以后自己画。妈在信里给你10元钱用。钱不要乱用。

妈字

2007年4月7日

五、爸爸，请您多关心一下姐姐吧

（朱朱，12岁女孩，家住岩前村，父亲在杭州市江干区某橡胶厂打工，母亲在食品厂打工）

爸爸妈妈：

　　你们好！你们在外地打工顺利吗？家里的女儿正想念你们呢！

　　爸爸，您以前很爱抽烟，现在还抽吗？去年，您答应过我戒烟，但您还是抽。我知道，那戒烟的滋味肯定不好受，但您的小女儿始终在背后默默支持您……姐姐曾经给我写过一封信，里面有一段是这样写的："我想家，你肯定会说我想家却为何不回去，我怕我回去后会更想家，爸爸从来不主动打电话给我，只是让我没钱时跟他说一声，难道，他不知道他的女儿需要他的鼓励和关心吗？"爸爸，请您以后多抽出时间，关心一下姐姐吧！

　　妈妈，这几年您为我和姐姐做得太多了，现在我只能好好学习，用好成绩来报答您。记得在我6岁时，我和你吵架，你把我赶出了家门，我就跑到村边的田野里，拔了两个大萝卜回家，您笑了……

小女儿：朱朱
2007年3月28日

六、女儿，考到前三名爸爸给你买衣服

朱朱：

　　今天我和爸爸收到了你的信都很开心，你放心，我一定会让你爸戒烟的。我们也会抽出时间陪秀秀说说话。

　　朱朱，现在天气一会儿冷，一会儿热，你记得要多穿衣服，别冻感冒了，否则我和爸爸会担心的。你现在在班里成绩怎么样，钱够用吗？不够的话就打电话给我们。

　　你爸爸让我告诉你，要抓紧学习，如果这学期考到班里前3名，就给你买两套衣服。

最后也祝你开开心心，身体健康！

妈妈

2007年4月5日

七、爸爸，如果真的累，就不要再撑了

（浩浩，13岁，轵辂村，父亲在杭州某搬运公司打工）

亲爱的爸爸：

　　您好！

　　爸爸，好久没有给您写信了，记得我上次写给您的信收到了吗？我听妈妈在电话里说你最近很忙，每天很晚才会下班，身体还好吧，

爷爷陪我回家。

是不是很累？如果真累的话，就不要再撑了。我知道你是为了我，还有这个家，但是你的身体不要累垮。爸爸，我多么希望你能倍（陪）伴在我的身边……但是，这不可能，因为家里造房子欠了那么多的债，还等着你和妈妈去还呢。但你知道吗，你和妈妈出门在外只留下我一个人，一些生活中的家务活都要自己来处理，你知道我一个人多孤独。

　　爸爸，我相（想）对您说："您辛苦了！"我永远也忘不了那一次，炎热的夏天，正巧你也腰痛病犯的时候，妈妈劝你不要去上班了，在家休息一天，可是你（还是）去了。中午，我去给你送饭。一路上，我迈着轻盈的步子，嘴里哼着小调。当我走入你的单位大门时，看见你

刚卸完货，我向你招招手。而你对我笑了笑，我忙递了一条毛巾给您擦汗。你刚坐下来扒了几口饭，这时车子又开来了。你忙扔下手中的饭盒，又去卸货了。因为天气太热，你累得全身是汗，衣服湿得像刚从水里捞出来似的。汗水又顺着你的脸颊流了下来，你忙得连擦都顾不得。你手上

村中的小祠堂是留守孩子快乐的天堂。

的青筋暴了起来，搬不动了就用腿托着再搬，咬着牙，脸上的表情显得十分吃力。我在旁边看了以后哭了，我终于知道赚钱是多么的不容易，而我却胡乱花钱，真对不起你……

人人都说父母的爱是最无私的。从我出生的那一天起，我就沐浴在你和妈妈爱的阳光下，在温暖的怀抱中茁壮成长。"爱"这个字我从来没有听见你对我说过，但是我知道你是爱我的。我时时刻刻都感到你海一般的父爱。爸爸，我也是爱你的。

您的儿子：浩浩

2007年3月11日

——刊于《衢州日报》2007年4月16日 策划许彤 撰稿周华诚 摄影鲍卫东

"代理妈妈"把关爱送给山村留守儿童

一、5月13日是母亲节

在我们身边，有很多平凡而又伟大的母亲，在母亲节即将来临之际，

用一种特殊的方式提前庆祝了自己的节日——把充满母爱的目光聚集在那些缺少父母关爱的留守儿童身上，并为他们带去深切的问候与关怀。

5月9日，在常山县妇联的牵线搭桥下，6个爱心家庭专程前往该县新昌乡中心小学，看望那里的留守儿童。充满爱心的"代理妈妈""代理爸爸"与孩子结成对子，把一份浓浓的关爱传递到留守儿童的心田。

二、爸爸妈妈，好想你们陪陪我

远远的山路，背着书包的孤单身影，考了100分没人分享她的喜悦，挨了批评更没人分解她的委屈。常山县新昌乡中心小学，9岁的段雅雯显得很内向，面对生人半天没有说几句话。

最后，段雅雯的一句话，差点让刚刚与她结成对子的"代理妈妈"林芝落下泪来。小女孩说："我很想爸爸妈妈，想他们跟我一起玩。"她的爸爸妈妈都在杭州打工。她与71岁的爷爷、65岁的奶奶生活在一起。

"很难想象，父母不在身边时，这些孩子是怎么度过那种生活的。"在常山县东明社区工作的林芝，也是一位7岁女孩的妈妈。和其他城里家庭一样，夫妻双方平常都把大量心思花在了孩子身上，对孩子给予了无微不至的关爱。

4月16日本版推出的"两地书"，却让林芝震动了。"尽管我也是在农村

"代理妈妈"摸着孩子的手亲切交谈。

长大的，但是从来没有这么细致地倾听过一个农村孩子的心声。"林芝说，这些留守儿童都是才十来岁的孩子，说出的话却让大人惊讶。"他们那么懂事，那么理解和体谅父

222

母……"她真想帮那些孩子一把。

随后，看到市委宣传部、市文明办、市妇联、市教育局、团市委、市关工委、衢州日报社、衢州广电总台等八单位联合发出通知，在全市征集"爱心家庭"、关爱"留守儿童"的行动后，她立即向常山县妇联报了名。据了解，全市目前已有200余户"爱心家庭"报名。

三、孩子，让我握住你的小手

第一次面对来自陌生叔叔阿姨的问候，孩子们显得有些拘束。在聊天、游戏之后，孩子们很快与叔叔阿姨熟悉起来。

常山县会计核算中心的曾火水先生，成了当天唯一的"代理爸爸"。他坐在教室里，很快与12岁女孩朱朱聊了起来。朱朱的父母都在杭州打工，一年就回来一次，朱朱平常就跟奶奶一起生活。"奶奶经常去田里干活，我就在家里做些家务，扫扫地、叠叠被子……"

"我的女儿和朱朱同龄，在家从来没有做过家务事。"曾火水告诉记者，他的女儿和多数独生子女一样，衣来伸手、饭来张口，根本体会不到生活的艰辛。"城里孩子生活条件比农村孩子优越，但是要向农村孩子学习的地方有很多很

"代理爸爸""代理妈妈"与孩子们在一起。

多。"曾火水给朱朱送上了字典、文具，相互留了地址、电话，准备让两个同龄孩子多多交流。

"代理妈妈"何勤枝与12岁男孩陈金金有个约定，以猜"剪刀、石头、布"来决定第一次上谁家玩。每次陈金金放学，要走一个小时的路才能到

家。半路上口渴了，就喝山上的泉水。这次，何勤枝给金金买了一个漂亮的茶杯，还告诉他，不要随便喝山上的水。

孩子们在一张张心形卡片上写下自己的小小心愿。12岁男孩张新轷在卡片上写道："希望我的爸爸妈妈快点回来，让他们能快快乐乐生活。"看到这行字，与他结对的徐金妹直说，"这孩子真懂事"。11岁的郑鹏飞则在卡片上写着，"我想让家里人过上快乐的生活，让家里的每一个人都有一个好身体。"

四、成长路上，我们陪你一起走

常山县新昌乡中心小学副校长刘芳赟给我们讲述了这样一件事：

有一位叫平平（化名）的13岁男孩，父母在外省一个家具市场打工，一年到头很少回家，交流都很少，更谈不上对孩子的行为思想进行教育。因为平平与外公外婆一起生活，外公外婆又比较宠他，批评的话孩子根本不听。慢慢地，平平也成了让老师头疼的学生：上课不太听讲，下课还经常拥抱女同学。班主任与其父母联系，效果也不明显，甚至平平在给父母的信中写道："我们学校的女老师越来越漂亮了……"

由于父母外出打工，许多孩子跟着爷爷奶奶、外公外婆生活。父爱母爱的缺失，以及隔代抚养的"沟通障碍"，对农村留守儿童成长的不利影响，已经越来越显现。

刘老师说，他们发现，很多留守儿童与父母缺乏交流，已经习惯了把心事放在心里，久而久之，除亲情失落外，还养成了内向、自闭、行为怪异等问题心理。而留守儿童是一个庞大的数字，在常山县新昌乡中心小学，75.7%的孩子父母都在外地打工。全乡754名小学生中，约80%是留守儿童。

显然，"代理妈妈""代理爸爸"们已经注意到这些问题。他们除了这一次来看望孩子外，还与结对孩子互留联系方式，约好经常写信、打电话，会经常来看望他们，放假后还会带孩子们进城去玩，与自己的孩子交流、互相学习。

"留守儿童与贫困儿童不太一样，物质上的帮助是一个方面，但更重要的是精神上的引导、情感上的关爱。"常山县妇联主席徐爱萍说，他们希望更多的人加入关爱留守儿童的行列中，让同一片天空下的孩子都能健康、快乐地成长。

五、采访手记：关爱留守儿童，让和谐种子发芽

刘老师给我们讲述的例子，让我们心里感到很沉重。由于父母长期不在身边，部分"留守儿童"的身心健康、道德品质、人身安全等方面存在着突出问题。

孩子们是祖国的花朵，是明天的希望。"两地书"为何让人感动落泪？因为那些留守在农村、缺少亲情关爱的孩子们，过早背负了生活的压力，品尝到酸苦滋味。他们何尝不渴望温暖的怀抱，何尝不愿在父母面前撒娇？高兴或难过的时候，又怎么不希望有人一起分享和分担呢？

关爱留守儿童，我们已经行动起来。虽然"代理家长"只是一项尝试，对孩子来说，代理家长毕竟是出现在自己生活中的一个完全陌生的角色，代理家长的情感付出能否被孩子接受成为一大难题；如何采取多种形式与"留守儿童"保持对话、沟通，定期与孩子联系，定期保持与老师、监护人的联系，共同帮助孩子解决学习、思想及生活上遇到的困难，并与监护人一起共商孩子的成长教育问题……这些都有待进一步探索，但是我们相信：只要爱的雨露播撒过，和谐的种子一定能发芽。

关爱留守儿童，我们期待更多人加入。

——刊于《衢州日报》2007年5月14日 策划 许彤 撰稿 周华诚 肖凌云 摄影鲍卫东

乡校教唱《大同颂》

浙皖边界海拔1200多米的八面山下，有一个《论语》普及示范学校：常

山县新昌乡中心小学。今天，记者来到这里体验山村小学的儒家教学。

"这是我第一次教一年级小朋友唱《大同颂》。"音乐老师黄丽君有些紧张，"准备了一个多星期呢，还让语文老师先教他们认这些字，不知道孩子们会不会喜欢。"下午1点10分，记者和黄丽君一起备课，"这个歌还真难找，我上百度去下载，找了半天竟然找不到！"黄丽君说。

走在校园里，随处都能感到浓浓的儒家文化气息，孔子塑像、论语故事墙、二十四孝图等等。"我们这里所有老师都能背诵《论语》，低年级的孩子读《三字经》《百家姓》，高年级的就读《老子》和《论语》，有些人连整本书都背下来了。"校长刘芳赟介绍。

上课铃声响起，一群孩子笑着打闹着挤进教室。黄丽君让孩子们安静下来："同学们，黑板上写着的字，你们认识吗？"记者一看，黑板上已写下了整首《大同颂》。

"现在我们把这些字变成一首歌好不好？"

"好！"听到要把平日里念的句子变成歌，孩子们显得有些兴奋。

"大道之行也，天下为公……"一个穿白衣服的小朋友起初显得有些胆怯，声音轻得微不可闻。记者和黄丽君轻声引导他放开胆子唱。"大声点，对着同学们再唱一次好吗？"一遍下来，孩子们果然放松了些，我们便鼓励他再来一次。

这次，孩子转过身来，在同学面前大大方方地再唱了一次。"你真棒！"一曲唱完，小朋友们冲他伸出大拇指。

40分钟的课看似很长，在孩子们稚嫩的歌声中却感觉一晃就过去了。

校长刘芳赟告诉记者，在这里，儒家文化知识已融入学科教学中，对学生学习、做人都有很大帮助。

——刊于《浙江日报》2011年9月27日 记者 毛广绘 通讯员 周洁梅

第九辑

社会：春风得意马蹄疾

走过这里，看到了浙江教育的痕迹

2015年6月13日，国家级教育均衡县迎评专家、江西省九江市人民政府教育督导室主任胡丽红在常山县副县长揭政东的陪同下，参观了常山县招贤小学的教室、教师办公室、科技馆、摄影教室、阶梯教室、游泳池、红领巾气象站、课改班级文化展示等，对学校优越的办学条件，饱满的师生风貌专家给予了高度评价。胡主任说，看了招贤小学，我看到了常山县人民政府对教育的重视、关心。无论从学校办学条件，还是学校管理，这所学校体现了浙江教育的水平。看到这所学校，看到了浙江的教育，这所学校就是浙江教育的痕迹。这所学校，每一个细节都非常精致，哪怕一个小小的角落，都是那么干净整洁。管理如此到位，值得我们学习。浙江创下教育均衡省，接下来，我们江西也要创，要向浙江学习。有机会我们派人来学习，向你们学习，学习先进的办学理念，精致的管理成效。

——摘自常山县创建国家级教育均衡县总结材料

最美的身影

十月金秋，是收获的季节，也是容易感动的季节。每每经过女儿的校园门口，总会望见那一抹身影，虽算不上高大，但却坚毅和执着。

是的，我要说的就是学生们都非常喜欢的、信任的——可爱的刘芳赟校长！

早上在校门口，您用最灿烂的笑容迎接每一位学生，如果笑容可以有颜色，那您的笑容应该是红色的，因为那是火焰的颜色，让人感觉到热情；傍晚放学，也能在门口看见您的身影，不管刮风下雨、严寒酷暑，您依然坚持，要亲眼看见每一个孩子安全离开学校才安心。

您来招贤小学的时间也有数载了，记得那还是女儿读二年级的时候。可是在这几年里，学校的环境变化可真大，可以用翻天覆地来形容，都能和城里的小学相媲美了。整洁干净，绿树成荫，花鸟鱼虫，应有尽有，孩子们可以在一个更温馨、舒适的环境里专心学习，这是您的功劳。我女儿常常说："妈妈，刘校长是一个很有品位的人，你看他布置的校园，是不是让人感觉很温馨？"

不是只有这些哦，老师的教学水平和学生的学习成绩在您的指导下也有了全新的突破，也很庆幸女儿一直有几位严谨、负责、平易近人的老师，让她学会许多，不管是学习上，还是生活上。

这些生活琐事看上去并没有什么，可是我看见的是您的坚持和执着，还有给老师和学生带来的满满的正能量。同样作为一名教育工作者的我，同时也是您学生的家长，我觉得您体现出了以身立教、为人师表的一面。

教师之路，平凡而不缺激情。平凡之路，平凡之生活，每每洋溢着崇高，因为，有您！那一抹最美的身影！

  ——摘自随笔集《爱满校园：夸夸我们的老师》，常山县招贤小学学生家长 桑红卫

爱满校园

　　古希腊人有了"闲暇"就到"学校"去。他们从"闲暇"中收获了两个文明的成果，一个是理性化的"知识"体系，一个是精神化的"娱乐"方式。人们从家庭到学校，感受交流和互动的和谐，享受思辨与领悟的满足，体验竞技与超越的快乐。受教育者是这样，我想在学校的教育者也应该是这样吧。教师在学校从事教育教学，是一项工作，也是一种生活，不仅有外在的诸多事务，也有内在的情感体验和思想跃动。于是，学校对于教师而言，既是一种生存状态和生活方式，也是一种生存空间和思想空间。

　　常山县招贤小学关注教师的生存状态，创设寻找同事闪光点的活动，让教师以发现者的眼光，去感受、解读和记录同伴身上那些最闪亮的光彩，以此映照和思考自我。也许教师们习惯于平凡的学校生活，无意间忽略了稍纵即逝的美好，匆忙中来不及体验细微难察的情感。但是，一旦回想起来，心中即刻涌动百般滋味，赞赏、敬佩、感激……原来，自己身边再平凡不过的同事是那样可爱、可亲、可敬。同时也会忽然意识到，自己也不是一概漠然视之，在内心深处累积着如此丰富的同事情愫，并且因为曾经感动，所以难以忘怀。于是，学校中暖暖的情意就这样弥漫开来，幸福感也油然而生。

　　"与君子游芯乎，如入芝兰之室，久而不闻，则与之化矣。"与同事相处也是如此。在熟悉处看出风景，在平凡中发现独特，需要良好的、平和的、健康的心态。赞赏"人之初，性本善"的人，就具备这种心态。多看他人的上进之处并与之共勉，其结果是携手并进。"邢燕萍老师的率真，胡莲枫老师的干脆，凌佳老师的严谨，李萍萍老师的周全，郑柳翠老师的舒服，郑素娟老师的淡然，程雯老师的修养，姚小娅老师的敬业，徐德飞老师的老成，樊驻军老师的稳重，刘芳赟老师的激情……"这些就是招贤小学这个"芝兰之室"里朵朵兰花散发的缕缕幽香，只要静静感受，细细品味，便可沁人心脾。

"三人行，必有我师。"见贤思齐之心人皆有之。与谁同行？所得几何？文中每一位教师娓娓道来，从字里行间我们可以深切感受得到。一种人格魅力令人仰视，一种优秀风格令人敬佩，一场教学展示令人叫绝，一次倾力相助令人感激……或德或能或情，动我心者，皆为我师焉。什么是教育？有人说教育就是一种影响，也有人说教育就是一棵树摇动另一棵树。同事之间情感、智慧、思想的传递和交流就是在这样的相互影响中达成的一种教育。它润物细无声，在日常的点点滴滴中实现取长补短，自我完善。它无痕却影响久远。

教师间如此积极的相互影响，或许就是成就招贤小学构建和谐团队、温暖之家的基石。

——摘自随笔集《爱满校园：夸夸我们的同事》中常山县教研员江根祥写的《序言》

后　记

经过两三个月的忙碌，终于把近几年自己撰写的有关学校管理、教育教学等方面的文章梳理、筛选好，顺利付梓。这些文章，虽然零零碎碎，但见证着我的成长与思考。

农村学校，虽然办学条件、师资配备、家长素质、学生生源没有城区学校好，但农村学校可以根据现有条件，创新工作思路，实现理想的办学愿景，缩小城乡教育差距。

对于理想的教育，每一位校长，每一位老师，每一位家长，他们或许都有自己的理解。

据说西方有一种鸟叫荆棘鸟，这种鸟在出生后无法发出声音，它必须远赴他乡，找到生长在那里的荆棘树，用树上的荆棘刺破自己的喉咙，才能发出嘹亮的声音，那声音是世界上最动听最美妙的声音。然而，为了这瞬间的歌唱，它付出了漫长而艰辛的努力：一次次地振翅，跌落；一次次地起飞，滑翔……羽翼一点点丰满了，经验一点点丰富了，勇气一点点增加了——终于有一天，它从容地翱翔天宇，飞向远方，完成了生命的绝唱。

其实，我们都是荆棘鸟，有振翅、跌落，也有起飞、滑翔，但都朝着远方飞翔。对于教育，我不能完整地、全面地概括我所想表达的意思，但我始终这样朦朦胧胧地想，这样踏踏实实地做。

我心目中理想的学校，精致而不需面积很大，要有自己的文化特色，有自己的特色课程，有众多传统的体艺特色项目。校园环境干净整洁，物品摆放整齐，四季鸟语花香……

我心目中理想的教师，凝聚力强，工作充满激情，素质高，善教学，责任心强……

我心目中理想的学生，活泼可爱，懂礼貌，人人有特长……

随着时间的推移、阅历的增长，我心目中的理想教育会不断丰满。理想的教育，是我不懈追寻的方向。我愿把职业当作事业来做，办理想的学校，育理想的学生。农村教育虽然没有城市教育那般绚烂，但它仍然可以更精彩。

现代诗人艾青曾说："为什么我的眼里常常含着泪水，因为我对这片土地爱得深沉。"既然选择了远方，便只顾风雨兼程。

今日，这本书能够顺利出版，我要感谢作家、媒体人周华诚先生的全力相助；感谢常山县教育局局长洪永海、常山县体育局局长李岳飞、衢州学院教授吴锡标等人的关心帮助；感谢当代教育家杨一青导师在百忙之中为本书作序；感谢黑龙江教育出版社编辑精心策划；感谢省市县各级报社记者对学校跟踪报道。感谢一切需要感谢的朋友！恕我无法一一列举你们的名字，但我已经将你们的名字都刻在心里了。

由于水平有限，书中文章未能表达出我的全部思想与情感，加上错误、疏漏和不妥之处在所难免，恳请广大读者不吝赐教，予以批评指正。

刘芳赟
2016年10月